Wolfgang Froese
Alexandra Köhler

GRUNDSCHULE

„Das bin ich" – das DaZ/DaF-Arbeitsheft für Deutschlerner (A1)

Grundschule

Mit Aufgaben zum Gestalten, Schreiben und Sprechen

Cornelsen

Projektleitung und Redaktion: Irena Reinhardt, Berlin

Übersetzung: Anja Faulenbach und Irena Reinhardt, Berlin

Übersetzungen Wortschatz: Elen Faddoul (Arabisch), Golrang Khadivi (Farsi), Davut Yeşilmen (Kurdisch), Miomira Velinov-Kovanović (Serbisch), Maria Tabacaru (Rumänisch)

Umschlagkonzept und Umschlaggestaltung: Corinna Babylon, Berlin

Illustrationen/Grafiken: Liliane Oser, Hamburg

Layout und technische Umsetzung: zweiband.media, Berlin

www.cornelsen.de

1. Auflage, 2. Druck 2022

© 2018 Cornelsen Verlag GmbH, Berlin

Das Werk und seine Teile sind urheberrechtlich geschützt.
Jede Nutzung in anderen als den gesetzlich zugelassenen Fällen
bedarf der vorherigen schriftlichen Einwilligung des Verlages.
Hinweis zu §§ 60a, 60b UrhG: Weder das Werk noch seine Teile dürfen
ohne eine solche Einwilligung an Schulen oder in Unterrichts- und
Lehrmedien (§ 60b Abs. 3 UrhG) vervielfältigt, insbesondere kopiert oder
eingescannt, verbreitet oder in ein Netzwerk eingestellt oder sonst öffentlich
zugänglich gemacht oder wiedergegeben werden.
Dies gilt auch für Intranets von Schulen.

Druck: Esser printSolutions GmbH, Bretten

ISBN 978-3-589-16175-1

Inhaltsverzeichnis

Einführung 4

Wortschatz 5

    1 Das bin ich 7

    2 Mein Zuhause 16

    3 Meine Haustiere 24

    4 Meine Freunde und Freizeitaktivitäten 34

    5 Mein Körper 41

    6 Meine Klasse 47

    7 Was ich mag 55

    8 Mein Urlaub 63

    9 Meine Gefühle 71

    10 Meine Wünsche und Träume 78

Selbsteinschätzungsbogen für Schülerinnen und Schüler 87

Evaluationsbogen für Lehrerinnen und Lehrer 88

Einführung

Das DaZ/DaF-Arbeitsheft für Deutschlerner (A1) in der Grundschule[1]

Es ist ein inzwischen hinreichend erprobter, zudem erfolgreicher Weg, Schüler[2] im Unterricht mit Aufgaben zu konfrontieren, die es in ihrer Offenheit und ihrem Anspruchsniveau jedem ermöglichen, Erfolgserlebnisse und Lernfortschritte zu erreichen.

Dieses Heft unterstützt die Lehrkräfte bei der Differenzierung und Individualisierung im Unterricht mit DaZ-/DaF-Schülern auf A1 Niveau und kann sowohl in der Willkommensklasse als auch individuell im Regelunterricht eingesetzt werden. Auch für den Förderunterricht sind die Aufgaben geeignet. Durch die kompetenzorientierten und offenen Aufgabenstellungen können die Deutschkenntnisse aller Schüler individuell gefördert werden. Bei der Bearbeitung bringen sie eigene Interessen und Vorlieben zum Ausdruck.

Hinweise zur Verwendung der Kopiervorlagen

Die Themen der Aufgaben sind angelehnt an die Lebenswelt der Schüler und helfen ihnen, wichtige erste Kommunikationssituationen zu meistern und Aussagen über sich selbst zu treffen. Zu Beginn jedes Themas gibt es einleitend einen Überblick über die zu erreichenden Kompetenzen und methodische Hinweise für die Umsetzung im Unterricht. Für jedes Thema stehen abwechslungsreiche Kopiervorlagen mit Aufgaben zur Verfügung, die nicht der Reihe nach abgearbeitet werden müssen.

Die Aufgaben in diesem Heft sind so gestaltet, dass sie von allen Schülern bearbeitet werden können. Leistungsstärkere Kinder haben die Möglichkeit, sich intensiver mit den Aufgaben zu beschäftigen, indem sie beispielsweise ganze Sätze schreiben oder eigene Ideen einbringen. Bei jeder Thematik in diesem Heft werden verschiedene Kompetenzen gefördert: Hör- und Hör-Sehverstehen, Lesen, Sprechen und Schreiben. Zudem werden immer auch kreative und gestalterische Aufgabenformate angeboten. Die Kopiervorlagen werden entweder von der Lehrkraft ausgewählt oder den Schülern als Wahl- und Pflichtaufgaben zur Verfügung gestellt.

Arbeitsverfahren

Bei der Bewältigung der Aufgaben arbeiten die Schüler zunächst individuell und tauschen sich hinterher über die Ergebnisse aus (Ich-Du-Wir-Prinzip).

Sprache und Wortschatz

Alle Arbeitsaufträge und Aufgabenstellungen sind in einem leichten Deutsch verfasst. Um das Verständnis zu erleichtern und eine möglichst selbstständige Bearbeitung der Kopiervorlagen zu ermöglichen, gibt es entlastende Hilfsmittel.

Zum einen finden Sie auf zwei Seiten wichtigen Wortschatz, der in den Arbeitsaufträgen immer wieder vorkommt, in sechs Sprachen übersetzt: Englisch, Arabisch, Farsi, Kurdisch, Serbisch und Rumänisch. Diese Kopiervorlagen können Schülern, die über Kenntnisse in einer dieser Sprachen verfügen, einmal zu Beginn zum Abheften ausgeteilt werden und unterstützen sie bei der Bearbeitung des gesamten Heftes.

Außerdem sind am Ende der einführenden Lehrerhinweise zu jedem Kapitel der jeweils nötige inhaltliche Wortschatz sowie die sprachlichen Strukturen für das Thema aufgelistet. Diese können ebenfalls (ggf. vergrößert) kopiert und den Schülern vor der Bearbeitung ausgeteilt werden. So haben sie die Möglichkeit, unbekannten Wortschatz im Voraus zu erarbeiten, beispielsweise als Hausaufgabe.

Darüber hinaus sollten den Schülern bei der Bearbeitung Möglichkeiten zum Nachschauen unbekannter Wörter zur Verfügung gestellt werden.

Überprüfung des Lernerfolges

Bei geschlossenen Aufgaben mit eindeutigen Lösungen empfiehlt sich die Selbstkontrolle durch die Schüler. Das Grundprinzip hierbei ist, dass sie ihre Arbeitsergebnisse mit einem Partner vergleichen. Bei offeneren Aufgaben mit individuellen Lösungsmöglichkeiten bieten sich neben einer Auswertung im Plenum durch Gespräche oder Präsentationen auch kooperative Arbeitsverfahren an, bei denen die Schüler ihre Ergebnisse im Rahmen von Partner- oder Gruppenarbeiten präsentieren. Zur weiteren Dokumentation der Lernerfolge gibt es am Ende des Heftes einen kompetenzorientierten Selbsteinschätzungsbogen für Schüler sowie einen Evaluationsbogen für Lehrkräfte.

---

[1] Die Inhalte dieses Heftes wurden aus dem Titel *Gute Aufgaben für den Wochenplan Englisch 1–4 ‚All about me'* (ISBN: 978-3-589-16390-8) mit freundlicher Genehmigung der Autoren Wolfgang Froese und Alexandra Köhler übernommen, übersetzt und angepasst.

[2] Aus Gründen der besseren Lesbarkeit werden teilweise nur die männlichen Formen der Ansprache verwendet. Natürlich sind stets alle Geschlechter gemeint.

Wortschatz

Deutsch	Englisch / English	Arabisch / عربي	Farsi / فارسی	Kurdisch / kurdî	Rumänisch / Română	Serbisch / Srpski
(an)malen	(to) colour	يلوّن	نقاشی کردن	boyax kirin	A colora	obojiti
(auf)kleben	(to) stick	يلصق	چسباندن	zeliqandin	A lipi	zalepiti
(auf)schreiben	(to) write (down)	يسجّل	نوشتن، يادداشت کردن	nivîsîn	A scrie	napisati
(aus)schneiden	(to) cut (out)	يقصّ	بريدن، چيدن	qûtkirin	A decupa	izrezati
allein	alone	وحده وحدك	تنها	bi tenê	Singur	sam, sama
ankreuzen	(to) tick	يضع إشارة	ضربدر زدن	nîşankirin	A bifa	zaokružiti
arbeiten	(to) work	يعمل	کار کردن	xebitîn	A lucra	raditi
ausdenken	(to) think of	يفكّر	فکر کردن، ابداع کردن	fikirîn	A inventa, A concepe	izmisliti
Aussage	statement	عبارة	بيان کردن، اظهار کردن	şîrove	Afirmație, Declarație	izjava
aussuchen	(to) select	يختار	جستجو کردن	hilbijartin	A alege, A selecta	izabrati
befragen	(to) question sb.	يستجوب / يسأل	پرسيدن، سؤال کردن	pirskirin	A întreba	pitati
Begriff	term	مصطلح	واژه، عبارت	têgeh	Noțiune, Termen	pojam
benutzen	(to) use	يستعمل	بکار بردن، استفاده کردن	bikaranîn	A folosi	uoptrebiti
beschreiben	(to) describe	يصف	توصيف کردن	pênasekirin	A descrie	opisati
beschriften	(to) label	يسمّي / يوضّح بعنوان	علامت گذاری کردن، برچسب زدن	etîket kirin	A eticheta	označiti
Bild	picture	صورة / لوحة مرسومة	عکس، تصوير	wêne	Imagine, Poză	slika
Collage	collage	صورة مجمّعة	کلاژ	kolaj	Colaj	kolaž
Dialog	dialogue	حوار	گفتگو	diyalog	Dialog	dijalog
Ding	thing	شيء	شيء، چيز	tişt	Lucru, Obiect	stvar
eintragen	(to) enter	يدخل	ثبت کردن	têketin	A introduce	upisati
ergänzen	(to) complete	يکمل	تکميل کردن	qedandin	A completa	dopuniti
Ergebnis	result	نتيجة	نتيجه، حاصل، دستاورد	encam	Rezultat	rezultat
erraten	(to) guess	يخمّن / يحزر	حدس زدن، پی بردن	texmîn kirin	A ghici	pogoditi
erstellen	(to) create	يخلق / ينشئ	توليد کردن، ساختن	afirandin	A crea	stvoriti
erzählen	(to) tell	يحکي	شرح دادن، نقل کردن	vegotin	A povesti	izpričati
falten	(to) fold	يطوي	تا کردن	qatkirin	A împături, A plia	presaviti
finden	(to) find	يجد	يافتن، پيدا کردن	dîtin	A găsi	naći
Foto	photo	صورة	عکس، تصوير	fotograf/wêne	Fotografie	fotografija
fragen	(to) ask	يسأل	پرسيدن، سؤال کردن	pirskirin	A întreba	pitati
gegenseitig	each other	متبادل	دوجانبه، متقابل، دوطرفه	li gel hev	Reciproc, Mutual	uzajamno
Grundriss	floor plan	مخطط رسم بياني	نقشه ساختمان	nexşeya xanî	Plan, Schiță	nacrt objekta

„Das bin ich" – Das DaZ/DaF-Arbeitsheft für Deutschlerner (A1) Grundschule
Übersetzungen: Elen Faddoul (Arabisch), Golrang Khadivi (Farsi), Davut Yeşilmen (Kurdisch),
Miomira Velinov-Kovanović (Serbisch), Maria Tabacaru (Rumänisch)

Wortschatz

Deutsch	Englisch / English	Arabisch / عربي	Farsi / فارسی	Kurdisch / kurdî	Rumänisch / Română	Serbisch / Srpski
Gruppe	group	مجموعة	گروه	kom	Grup	grupa
herumgehen	(to) walk around	يدور حول	دور چيزی گشتن	li derdorê meşîn	A merge împrejur	ići unaokolo
Interview	interview	مقابلة	مصاحبه	hevpeyvîn	Interviu	interviu
Klassenkameraden	classmates	زملاء الصف	همکلاسی ها	hevala/ê polê	Colegi de clasă	učesnik u kursu
Kurzvortrag	short presentation	عرض موجز	سخنرانی کوتاه	pêşkêşiya kurt	Prezentare scurtă	kratka prezentacija
lesen	(to) read	يقرأ	خواندن، مطالعه کردن	xwendin	A citi	čitati
Lücke	gap	ثغرة / فراغ	جای خالی	valahî	Spațiu gol	prazno mesto
Notizen machen	(to) take notes	يضع ملاحظات	يادداشت برداشتن	not girtin	A nota, a lua notițe	zabeležiti
Partner, Partnerin	partner	شريك / شريكة	شريک	hevalkar/şirîk	Partener	partner
Poster	poster	لوحة كبيرة	پوستر	poster	Poster	poster
präsentieren	(to) present	يعرض / يقدّم	نمايش دادن، ارائه دادن	pêşkêşkirin	A prezenta	predstaviti
Rangfolge	order of priority	تسلسل حسب الأولوية	سلسله مراتب	rêzkirin	Clasament, Ordinea priorităților	ranking
Reihenfolge	order	تسلسل	ترتيب، رديف	sparîş	Ordine	redosled
Rollenspiel	role play	لعبة تقمّص الأدوار	هنرپيشگی، بازيگری، نقش بازی کردن	rol lîstin/rol girtin	Joc de roluri	igranje uloga
Satz	sentence	جملة	جمله	hevok	Propoziție	rečenica
spielen	(to) play	يلعب	بازی کردن، نقش بازی کردن، موسيقی اجرا کردن	lîstin	A se juca	igrati se
sprechen	(to) talk	يتكلّم	حرف زدن، صحبت کردن	axivîn	A vorbi	govoriti
Tabelle	chart	جدول	نمودار	lewhe	Tabel	tabela
tauschen	(to) swap	يبادل	معاوضه کردن، مبادله کردن	guherandin	A schimba	razmeniti
üben	(to) practice	يتدرّب	تمرين کردن	pratîkkirin	A exersa	vežbati
verbinden	(to) connect	يربط / يوصل	متصل کردن، وصل کردن	têkilî danîn	A conecta	povezati
vergleichen	(to) compare	يقارن	مقايسه کردن	berawirdkirin/ muqayesekirin	A compara	uporediti
Wort	word	كلمة	کلمه	peyv	Cuvânt	reč
zeichnen	(to) draw	يرسم	نقاشی کردن، رسم کردن	xêzkirin	A desena	crtati
Zeitschrift	magazine	مجلة	مجله، نشريه	kovar	Revistă	časopis
zusammen	together	معا	با هم، با همديگر، با يکديگر	bi hev re	Împreună	zajedno

„Das bin ich" – Das DaZ/DaF-Arbeitsheft für Deutschlerner (A1) Grundschule
Übersetzungen: Elen Faddoul (Arabisch), Golrang Khadivi (Farsi), Davut Yeşilmen (Kurdisch), Miomira Velinov-Kovanović (Serbisch), Maria Tabacaru (Rumänisch)

1 Das bin ich

Sachinformation

Die Thematik *Das bin ich* bietet zahlreiche Gelegenheiten, etwas über sich selbst zu erzählen und sich vor anderen zu präsentieren. Die Kinder haben dadurch die Möglichkeit, auch ihre Mitschüler besser kennenzulernen und Nachfragen zu stellen. Bei diesem Thema stellen sich die Kinder aus ihrer Sichtweise dar, können sich anderen vorstellen, etwas über ihren Geschmack und ihre Hobbys erzählen, einen kurzen Dialog zur Begrüßung sprechen, den anderen nach seinem Befinden fragen und ihre Klassenkameraden zu ihren Hobbys befragen.

Welche Kompetenzen werden weiterentwickelt?

Nach dem Prinzip „Ich – Du – Wir" entwickeln und erweitern die Kinder folgende Kompetenzen:

Hör- und Hör-Sehverstehen
Die Kinder
- verstehen Einzelinformationen in einem Gespräch (in die Wunschkiste malen),
- verstehen das Wesentliche aus einfachen Gesprächen.

Lesen
Die Kinder
- lesen und verstehen einfache wiederkehrende Arbeitsanweisungen,
- lesen und verstehen einfache Sätze *(Kreuze an, was du magst)*,
- erfassen mithilfe von Bildern die Bedeutung deutscher Begriffe.

Sprechen
Die Kinder
- stellen ihren Mitschülern einfache vorgegebene Fragen in einer Umfrage.

Schreiben
Die Kinder
- beschreiben mithilfe von vorgegebenen Wörtern, was sie mögen und was sie nicht mögen,
- notieren die Antworten ihrer Mitschüler aus einer Umfrage.

Benötigtes Material

- Schere
- evtl. eigenes Foto
- Stifte, Edding
- Kleber

Methodische Hinweise

Die Kopiervorlagen können entweder von der Lehrkraft ausgewählt oder den Kindern als Wahl- oder Pflichtaufgaben zur Verfügung gestellt werden.

Das bin ich (KV 1)
Die Kinder ergänzen Sätze mit Informationen zu ihrer Person. Dazu kleben sie ein Foto auf oder zeichnen ein Bild von sich.

Was ich mag / Was ich nicht mag (KV 2 und 3)
Hier können die Kinder ihre Vorlieben ausdrücken und Dinge benennen, die sie nicht so gern mögen. Zu Anfang kreuzen sie lediglich einige vorgegebene Nomen an, um den Wortschatz zu aktivieren. Im Anschluss können sie in einer offenen Aufgabe beliebig Dinge malen und überlegen, ob sie einige deutsche Begriffe dazu wissen. Hierzu können sie ihre Mitschüler befragen oder eventuell am Computer Vokabular nachschauen und es einfügen.

Ich heiße ... (KV 4)
Bei dieser Aufgabe überlegen die Kinder zunächst allein, in welche Reihenfolge sie die Abschnitte des Dialogs legen könnten. Dabei können sie Sätze weglassen (z. B. *Mir geht es nicht gut*) oder eigene hinzufügen. Danach vergleichen sie ihren Dialog mit dem eines Partners und können noch gemeinsam Veränderungen vornehmen. Beim Sprechen mit ihrem Partner haben die Kinder die Möglichkeit, Gestik und Mimik einzusetzen.

Meine Hobbys (KV 5, 6 und 7)
Die Kinder suchen sich aus der KV 6 ihre Hobbys aus, schneiden die passenden Bilder aus und kleben sie auf die KV 5. Dazu formulieren sie einen Satz. Danach befragen sie ihre Mitschüler zu ihren Hobbys und erstellen eine Hitliste der beliebtesten Freizeitaktivitäten (KV 7).

Methoden

- Partnergespräch
- Dialog
- Umfrage zu den Hobbys der Mitschüler

Sprachliche Mittel: *Das bin ich*

Wortschatz
Box, Hund, Eis, Katze, Fußball, Name, malen, witzig, Stift, Jahre, gut, alt, Computer, Freunde treffen, Fahrrad, schwimmen, Ballett, schlafen, Pferd, reiten, ein Buch lesen, tanzen, Klavier spielen, Gitarre spielen, Playstation, Handy, Sonne, Burger, Tischtennis spielen, Basketball spielen, Klassenkameraden, shoppen

Strukturen
- Ich heiße …
- Ich bin … Jahre alt.
- Ich wohne in …
- Ich mag … / Ich mag … nicht.
- Wie alt bist du? / Wie heißt du?
- Ich bin …
- Magst du reiten / Fußball spielen / …?

Name: _____   Datum: _____

Das bin ich

1. Schreibe etwas über dich. Ergänze die folgenden Sätze.

Ich heiße _____.

Ich bin _____ Jahre alt.

Ich wohne in _____.

2. Zeichne ein Bild von dir oder klebe ein Foto auf.
Du kannst es auch witzig gestalten und farbig anmalen.

Name: _____ Datum: _____

Was ich mag / Was ich nicht mag (1)

1. Kreuze an, was du magst.
Ich mag

☐  ☐

☐  ☐

☐

2. Kreuze an, was du nicht magst.
Ich mag nicht

☐  ☐

☐  ☐

☐

3. Zeichne Sachen, die du magst, in die Box:

[ ]

4. Wie heißen die Sachen auf Deutsch, die du gezeichnet hast?
Finde es heraus und schreibe die deutschen Wörter auf.

_____

5. Frage einen Partner, was er mag. Zeichne die Sachen in die Box:

[ ]

6. Weißt du, wie die Dinge auf Deutsch heißen?
Finde es heraus und schreibe die deutschen Wörter auf.

_____

„Das bin ich" – Das DaZ/DaF-Arbeitsheft für Deutschlerner (A1) Grundschule
Autoren: Alexandra Köhler, Wolfgang Froese
Illustration: Liliane Oser

KV 2

10

Name: _____ Datum: _____

Was ich mag / Was ich nicht mag (2)

1. Suche dir Dinge aus, die du magst. Schreibe sie auf.

Ich mag _____

_____

_____

_____

2. Suche dir Dinge aus, die du nicht magst. Scheibe sie auf.

Ich mag _____

_____

_____

_____ nicht.

3. Erzähle deinem Partner/deiner Partnerin, was du magst und was du nicht magst.

„Das bin ich" – Das DaZ/DaF-Arbeitsheft für Deutschlerner (A1) Grundschule
Autoren: Alexandra Köhler, Wolfgang Froese
Illustration: Liliane Oser

KV 3

11

Name: _____ Datum: _____

Ich heiße …

1. Schneide den Dialog aus. Lege ihn in eine passende Reihenfolge. Du brauchst nicht alle Sätze benutzen. Du darfst auch noch weitere Sätze schreiben.

Wie alt bist du?	**Mir geht's nicht gut.**
Wie heißt du?	**Tschüss.**
Ich bin _____ Jahre alt.	**Mir geht's gut.**
Wie geht es dir?	**Ich heiße _____**
Hallo.	

2. Vergleiche mit einem Partner.

3. Tragt eure Namen und euer Alter ein.

4. Übt den Dialog.

„Das bin ich" – Das DaZ/DaF-Arbeitsheft für Deutschlerner (A1) Grundschule
Autoren: Alexandra Köhler, Wolfgang Froese
Illustration: Liliane Oser

Name: _____ Datum: _____

Meine Hobbys

1. Suche dir aus der KV 6 Hobbys aus, die zu dir passen. Schneide sie aus und klebe sie hier auf. Du kannst auch noch eigene Hobby-Ideen malen.

2. Schreibe einen Satz:

Meine Hobbys sind _____

_____

„Das bin ich" – Das DaZ/DaF-Arbeitsheft für Deutschlerner (A1) Grundschule
Autoren: Alexandra Köhler, Wolfgang Froese
Illustration: Liliane Oser

KV 5

13

Name: _____ Datum: _____

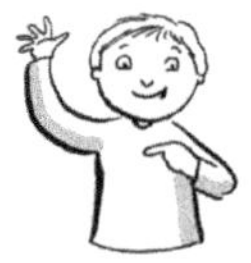

Meine Hobbys: Bilder

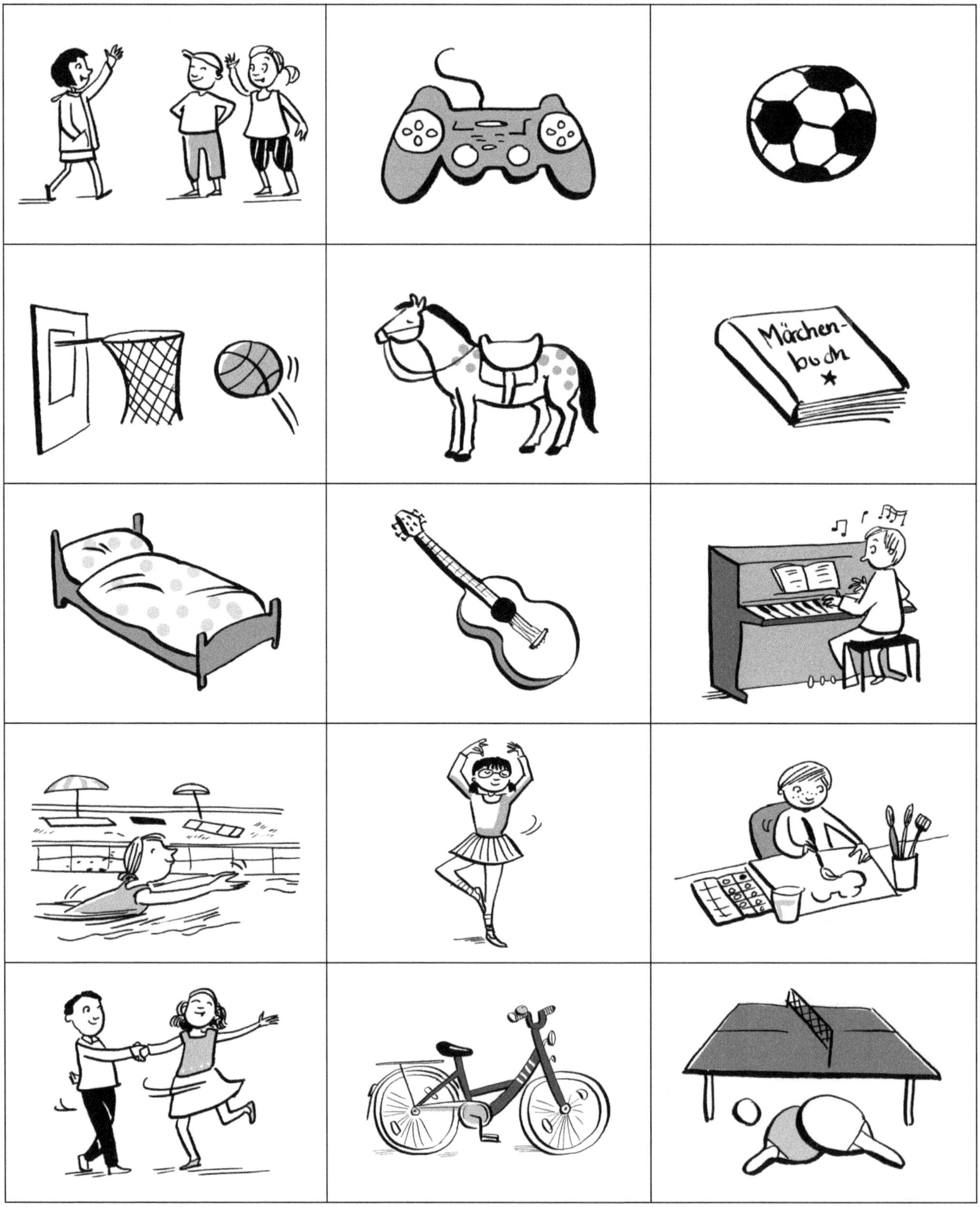

KV 6

14

Name: _____ Datum: _____

Die Hobbys meiner Klassenkameraden

1. Gehe im Klassenraum herum und finde Mitschüler mit diesen Hobbys. Schreibe ihre Namen in die Tabelle.

- Liest du gerne?
- Ja, ich lese gerne.
- Spielst du gerne Fußball?
- Nein, ich spiele nicht gerne Fußball.

	Namen der Klassenkameraden
lesen (liest)	
schwimmen (schwimmst)	
Fußball spielen (spielst)	
reiten (reitest)	
Fahrrad fahren (fährst)	
Klavier spielen (spielst)	
Gitarre spielen (spielst)	
Playstation spielen (spielst)	
Freunde treffen (triffst)	

2. Arbeitet in einer Gruppe und vergleicht eure Ergebnisse. Bei welchem Hobby stehen die meisten Namen? Erstellt eine Rangfolge der Hobbys.

1. _____   4. _____
2. _____   5. _____
3. _____   6. _____

„Das bin ich" – Das DaZ/DaF-Arbeitsheft für Deutschlerner (A1) Grundschule
Autoren: Alexandra Köhler, Wolfgang Froese
Illustration: Liliane Oser

KV 7

2 Mein Zuhause

Sachinformation

Das Thema hat einen direkten Bezug zur Lebenswelt der Kinder. Sie können etwas von ihrer Familie und ihrem Zuhause erzählen und die Thematik individuell bearbeiten. Neben Gesprächsanlässen über das eigene Zuhause führen die Übungen dazu, dass die Kinder mehr über die Lebenswelt ihrer Mitschüler erfahren. Die Lehrkraft sollte ggf. je nach Lerngruppe sensibel entscheiden, ob und in welchem Umfang diese Themen für die Schüler geeignet sind.

Welche Kompetenzen werden weiterentwickelt?

Nach dem Prinzip „Ich – Du – Wir" entwickeln und erweitern die Kinder folgende Kompetenzen:

Hör- und Hör-Sehverstehen
Die Kinder
- verstehen Einzelinformationen,
- verstehen das Wesentliche in einfachen Gesprächen mit ihren Mitschülern,
- verstehen Einzelinformationen aus einer Umfrage.

Lesen
Die Kinder
- verstehen einfache, wiederkehrende Arbeitsanweisungen,
- erfassen mithilfe von Bildern die Bedeutung deutscher Begriffe,
- verstehen eine kurze Beschreibung zu einem Outfit.

Sprechen
Die Kinder
- stellen ihren Mitschülern einfache, vorgegebene Fragen in einer Umfrage,
- beschreiben mündlich die Kleidung ihrer Klassenkameraden.

Schreiben
Die Kinder
- beschriften ihr Bild mit deutschen Begriffen und kurzen einfachen Sätzen,
- halten einen Kurzvortrag zu ihrem Traumzimmer.

Benötigtes Material

- Stifte, Edding

Methodische Hinweise

Die Kopiervorlagen können entweder von der Lehrkraft ausgewählt oder den Kindern als Wahl- oder Pflichtaufgaben zur Verfügung gestellt werden.

Meine Familie 1 (KV 8)
Bei dieser Übung dürfen sich die Kinder selbst aussuchen, welche und wie viele Familienmitglieder sie zeichnen und vorstellen möchten. Anschließend beschriften sie ihre Bilder mit den entsprechenden Vokabeln. Wenn ihnen noch mehr Informationen auf Deutsch einfallen (z. B. Haarfarbe, Augenfarbe etc.), dürfen sie diese Informationen ergänzen. Im Anschluss an diese Übung können die Kinder ihre Familie einem Partner oder der Klasse vorstellen. Es wäre auch denkbar, die Bilder auszuschneiden und in einen Stammbaum einzukleben.

Meine Familie 2 (KV 9)
Hier können sich die Kinder zwei Familienmitglieder aussuchen und sie je nach Vokabelkenntnissen und Leistungsstand näher beschreiben. Danach befragen sie ihre Klassenkameraden zu ihren Familien und tragen die Ergebnisse in die Tabelle ein. Bei der Zusatzaufgabe sollen die Kinder ihre Ergebnisse in ganzen Sätzen formulieren. Leistungsschwächere Kinder versuchen einen Satz aufzuschreiben, während leistungsstärkere mehrere Sätze verfassen können.

Meine Kleidung zuhause (KV 10)
Bei der ersten Aufgabe sollen die Kinder zunächst nur ihren Wortschatz wiederholen und festigen, indem sie den Bildern die deutschen Begriffe zuordnen. Erst danach beschreiben sie ihre eigene Kleidung. Dabei bietet es sich an, dass die Kinder je nach Kenntnisstand malen oder auch schon ganze Sätze formulieren und nur eine kleine Skizze anfertigen.

Die Kleidung meiner Mitschüler (KV 11)
Hier können sich die Kinder Klassenkameraden aussuchen, die sie anhand ihrer Kleidung beschreiben möchten. Diese Übung dient als Vorbereitung auf das anschließende Ratespiel, bei dem die Kinder aufgrund der Beschreibung des jeweils Anderen erraten sollen, um welchen Klassenkameraden es sich handelt. Je genauer ein Kind beschrieben werden kann, desto einfacher ist das Erraten. Dieses Spiel kann auch in einer Gruppe oder mit der ganzen Klasse durchgeführt werden.
Bei der dritten Übung sollen die Kinder je nach Können in kurzen Sätzen ein lustiges Outfit oder ihr Lieblingsoutfit (siehe Beispiel) beschreiben. Dies lesen sie ihrem Partner vor, und er soll es aufmalen.

Mein Zuhause (KV 12)
Die Kinder malen ihr Zuhause und können dabei selbst auswählen, was sie malen möchten und welche deutschen Begriffe sie verwenden. Anschließend vergleichen sie ihre Bilder mit einem Partner und erzählen von ihrem Zuhause.

Mein Zimmer (KV 13)
Je nach Vorliebe können die Kinder bei dieser Übung eigene Schwerpunkte setzen und beschreiben, was sie an ihrem Zimmer besonders mögen. Hier bietet es sich an, die Kinder je nach Kenntnis- und Leistungsstand malen oder schreiben zu lassen.

Bei der dritten Übung könnten die Kinder fehlendes Vokabular im Internet recherchieren.

Methoden
- Partnergespräch/Gruppenarbeit
- Interviews
- eine Umfrage
- ein Spiel

Sprachliche Mittel: *Mein Zuhause*

Wortschatz
Zuhause, Familie, Familienmitglieder, Bilderrahmen, Mutter, Vater, Schwester, Bruder, Großvater, Großmutter, ich, Haare, Kleidung, rot, blau, gelb, T-Shirt, Kleid, Socken, Junge, Mädchen, Mitschüler, Spiegel, tragen, Pullover, Jeans, Shorts, Hose, Mütze, Shirt, Rock, Mantel, Strumpfhose, Turnschuhe, Outfit, Schlafzimmer, Wohnzimmer, Badezimmer, Dachboden, Küche, Treppe, Flur, Stuhl, Bett, Kleiderschrank, Schreibtisch, Poster, Tisch, Arbeitszimmer, Zimmer, Traumzimmer

Strukturen
- Das ist mein/meine …
- Hast du ein/eine…?
- Ich habe ein/eine … / Sie hat ein/eine …
- Meine Mutter heißt …
- Sie/er ist … Jahre alt.
- Er/sie mag am liebsten …
- Er/sie hat ein blaues/einen blauen/eine blaue …
- Es gibt …
- Neben … ist/sind …
- Vor … ist/sind …
- Ich mag an meinem Zimmer …

Name: Datum:

Meine Familie 1

1. Zeichne deine Familie in die Bilderrahmen.
Entscheide, welche Familienmitglieder du zeichnen möchtest. Du kannst dich auch selbst dazu malen. Schreibe dann die deutschen Begriffe dazu: *Mutter, Vater, Schwester, Bruder, Großvater, Großmutter, Ich*.

2. Präsentiere deine Bilder einem Partner oder einer Gruppe.

> Das ist meine Mutter.
> Das ist mein …

Name: _____   Datum: _____

Meine Familie 2

1. Suche dir zwei Familienmitglieder aus und beschreibe sie näher.

> Meine Mutter heißt …
> Sie ist … Jahre alt.
> Sie mag …
> Ihr Haar ist …
> Ihre Augen sind …

Mein(e) _____   Mein(e) _____

2. Frage deine Klassenkameraden nach ihrer Familie. Trage ihre Namen und Antworten in die Tabelle ein:

Name:	Luis					
Hast du eine Schwester?	ja					
Hast du einen Bruder?	nein					
Wie alt ist dein Vater?	41					
Wie heißt deine Mutter?	Kerstin					

3. Vergleiche mit deinem Partner.

* Zusatzaufgabe: Suche dir einen oder mehrere Klassenkameraden aus deiner Tabelle aus. Schreibe ganze Sätze auf.
Beispiel: *Emma hat zwei Schwestern und keinen Bruder. Ihr Vater ist …*

Name: _____ Datum: _____

Meine Kleidung zuhause

1. Verbinde die Bilder mit den deutschen Begriffen.

Pullover

Schuhe

Rock

Turnschuhe

Jeans

Jacke

Hose

Stiefel

T-Shirt

2. Welche Kleidung trägst du heute? Zeichne deine Kleidung in den Spiegel und beschrifte sie:

3. Präsentiere deinem Partner deinen Spiegel.

Name: _____ Datum: _____

Die Kleidung meiner Mitschüler

1. Schau dir deine Klassenkameraden an. Schreibe auf, was für Kleidung sie tragen.

Hilfe: Jeans • Pullover • Rock • T-Shirt • Mütze • Stiefel • Turnschuhe • Schuhe • Jacke • Hose

Name:	Emre				
Kleidung:	- Stiefel - Jeans - T-Shirt - Mütze				

2. Spiele ein Ratespiel mit deinem Partner oder spielt in einer Gruppe.
Du beschreibst die Kleidung eines Klassenkameraden aus der Tabelle.
Dein Partner errät, wer das sein könnte. Dann tauscht ihr die Rollen.
Beispiel: Du: *Er hat ein rotes T-Shirt an und eine blaue ...*
              Dein Partner: *Ist es Emre?*

3. Lies den Text unten. Schreibe einen eigenen Text über ein lustiges Outfit oder dein Lieblingsoutfit.

> **Mein Lieblingsoutfit**
> Ich trage gerne Turnschuhe und eine blaue Jeans.
> Ich mag meinen grünen Pulli und
> meine blaue Mütze.

_____

_____

_____

4. Lies deinen Text deinem Partner vor. Er malt auf, was er hört.
Danach liest dein Partner vor und du malst.

„Das bin ich" – Das DaZ/DaF-Arbeitsheft für Deutschlerner (A1) Grundschule
Autoren: Alexandra Köhler, Wolfgang Froese
Illustration: Liliane Oser

KV 11

21

Name: _____ Datum: _____

Mein Zuhause

1. Male dein Zuhause. Beschrifte die Zimmer und Gegenstände.
Wenn dir die deutschen Begriffe nicht einfallen, frage deinen Nachbarn.

> Schlafzimmer, Wohnzimmer, Badezimmer, Dachboden, Küche, Treppe, Flur, Stuhl, Bett, Kleiderschrank, Schreibtisch, Poster, Tisch, Arbeitszimmer

2. Vergleiche dein Bild mit dem Bild deines Partners.
Erzähle von deinem Haus/deiner Wohnung.
Beispiel: *Es gibt ein …*
Es gibt …
Neben dem … ist das …
Vor dem … sind die …

„Das bin ich" – Das DaZ/DaF-Arbeitsheft für Deutschlerner (A1) Grundschule
Autoren: Alexandra Köhler, Wolfgang Froese
Illustration: Liliane Oser

KV 12

22

Name: _____ Datum: _____

Mein Zimmer

1. Schreibe auf oder male, was du an deinem Zimmer besonders magst.

Mein Zimmer

2. Befrage drei Klassenkameraden, was sie an ihrem Zimmer mögen. Schreibe die Antworten auf.

Name:			

3. Was hättest du noch gerne in deinem Zimmer? Zeichne es in dein Traumzimmer. Vielleicht kannst du auch die deutschen Begriffe dazu herausfinden und sie aufschreiben.

Mein Traumzimmer

4. Präsentiere dein Traumzimmer einem Partner oder vor der Klasse.

In meinem Traumzimmer habe ich ein …

„Das bin ich" – Das DaZ/DaF-Arbeitsheft für Deutschlerner (A1) Grundschule
Autoren: Alexandra Köhler, Wolfgang Froese
Illustration: Liliane Oser

KV 13

3 Meine Haustiere

Sachinformation

Die Kinder haben häufig entweder selbst ein Haustier oder kennen jemanden, der eines besitzt. Deshalb bietet das Thema *Meine Haustiere* zahlreiche Gesprächsanlässe, zu denen die Kinder bereits Vorwissen haben. Sie können von ihrem eigenen Haustier erzählen oder ihr Lieblingstier charakterisieren. Da den Kindern die Thematik aus ihrem Alltag bekannt ist, können sie die Übungen ohne Probleme selbstständig bearbeiten und eigene Schwerpunkte setzen.

Welche Kompetenzen werden weiterentwickelt?

Nach dem Prinzip „Ich – Du – Wir" entwickeln und erweitern die Kinder folgende Kompetenzen:

Hör- und Hör-Sehverstehen
Die Kinder
- verstehen Einzelinformationen in Gesprächen (Umfrage, Informationslücken).

Lesen
Die Kinder
- verstehen einfache, wiederkehrende Arbeitsanweisungen,
- verstehen die deutschen Begriffe in einem Kreuzworträtsel,
- erfassen mithilfe von Bildern die Bedeutung deutscher Begriffe.

Sprechen
Die Kinder
- stellen ihren Mitschülern einfache vorgegebene Fragen in einer Umfrage,
- halten einen Kurzvortrag über ihr Lieblingstier.

Schreiben
Die Kinder
- beschreiben in kurzen Sätzen oder in Stichpunkten ihr Lieblingstier,
- halten die Antworten ihrer Mitschüler schriftlich fest,
- erstellen ein Informationsblatt zu ihrem Lieblingstier.

Benötigtes Material

- Schere
- evtl. Foto
- Zeitschriften
- Stifte, Edding
- Kleber

Methodische Hinweise

Die Kopiervorlagen können entweder von der Lehrkraft ausgewählt oder den Kindern als Wahl- oder Pflichtaufgaben zur Verfügung gestellt werden.

Alles über Haustiere (KV 14)
Die Kinder aktivieren mithilfe eines Buchstabengitters Sprachmaterial zum Thema Haustiere. Danach vergleichen sie mit einem Partner und dürfen ggf. ergänzen.

Was fressen Haustiere gerne? (KV 15)
Die Kinder festigen ihren Wortschatz und stellen eine Verbindung zwischen Tieren und ihren Essgewohnheiten her.
Danach schreiben die Kinder die deutschen Vokabeln zum Sachfeld „Tiere" und zum Sachfeld „Futter" auf.
Lösungen: Katze – Milch, Hund – Knochen, Kaninchen – Karotte/Salat/Apfel, Meerschweinchen – Salat/Karotte/Apfel, Pony – Gras, Maus – Käse, Hamster – Apfel/Salat/Karotte.

Mein Haustier (KV 16)
Bei dieser Übung malen die Kinder ihr Haustier bzw. Wunschtier und schreiben Informationen dazu auf. Anschließend berichten sie ihrem Partner mündlich über ihr Tier.

Welche Haustiere haben sie? (KV 17)
Dies ist eine Übung mit Informationslücken, bei der ein Schülerpaar zusammenarbeitet und Partner A andere Informationen hat als Partner B. Nun müssen sich die Kinder gegenseitig befragen, um die fehlenden Informationen herauszufinden. Diese werden dann schriftlich eingetragen.

Die Haustiere deiner Klassenkameraden (KV 18)
Die Kinder befragen ihre Klassenkameraden, welche Haustiere sie haben, und tragen die Anzahl der Tiere mit Strichen in die Tabelle ein. Hier könnte sich nach der Umfrage eine weitere Aufgabe ergeben, z. B. eine Gesamtauswertung, wie viele Klassenkameraden einen Hund, Katze, Hamster etc. haben. Fehlende Tiere aus der Tabelle können von den Kindern in einer weiteren Tabelle schriftlich festgehalten werden.
Bei der dritten Übung können die Kinder sich Klassenkameraden aussuchen und nähere Informationen zu deren Haustieren zusammentragen. Leistungsstärkere Kinder können mehr Mitschüler befragen und die Ergebnisse in ganzen Sätzen festhalten. Eine Auswertung kann mit einem Partner oder auch im Plenum erfolgen.

Mein lustiges Haustier 1 und 2 (KV 19 und 20)
Die Kinder suchen sich aus der KV 19 vier Tiere aus und malen sie witzig an. Danach schneiden sie die Tiere aus und kleben sie in die freien Felder auf der KV 20. Sie denken sich lustige Namen für die Tiere aus und schreiben sie unter das jeweilige Bild. Anschließend könnten die Bilder mit den Namen im Plenum präsentiert werden.

Mein Lieblingstier (KV 21)
Die Kinder erstellen ein Informationsblatt über ihr Lieblingstier. Dabei können sie beim Inhalt und der Art der Erarbeitung eigene Schwerpunkte setzen. Bei der Präsentation könnten sie diese im Plenum oder vor einer Gruppe vorstellen. Der Vorteil der Präsentation vor einer Gruppe ist, dass sie nicht so viel Zeit in Anspruch nimmt und die Ergebnisse dennoch vor einem Publikum präsentiert werden. Danach könnten die Infoblätter aufgehängt werden.

Methoden

- Partnergespräch
- Aufgabe mit Informationslücken
- eine Umfrage
- ein Informationsblatt zum Lieblingstier erstellen

Sprachliche Mittel: *Meine Haustiere*

Wortschatz
Tier, Haustier, Katze, Hund, Kaninchen, Hamster, Wellensittich, Pony, Maus, Meerschweinchen, fressen, Futter, Apfel, Karotte, Salat, Knochen, Milch, Käse, Tierart, lustig, Schildkröte, Lieblingstier

Strukturen
- Hast du ein Haustier?
- Ja, habe ich / Nein, habe ich nicht.
- Was für ein Haustier hast du?
- Ich habe ein / eine…
- Es ist ein / eine…
- Welche Haustiere hat …?
- Er/Sie hat ein / eine…
- Das Tier frisst / mag…
- Die Farbe des Tieres ist…

Name: _____ Datum: _____

Alles über Haustiere

1. Finde die Tiere im Buchstabengitter und kreise sie ein.

Katze • Hund • Kaninchen • Hamster • Wellensittich • Pony • Maus • Meerschweinchen

Q	G	Y	H	U	K	A	K	K	A	T	Z	E	L	S
M	E	E	R	S	C	H	W	E	I	N	C	H	E	N
H	U	N	D	B	H	A	K	L	A	M	I	A	A	L
B	V	C	U	A	H	M	I	K	L	O	M	A	U	S
W	E	L	L	E	N	S	I	T	T	I	C	H	Q	D
Y	W	Q	R	T	Z	T	K	O	P	D	F	M	A	G
U	H	U	N	D	V	E	Z	P	O	N	Y	A	U	N
M	A	U	S	R	B	R	O	M	X	B	B	U	Q	G
D	K	A	N	I	N	C	H	E	N	R	J	S	Ö	X

2. Welche Tiere kommen zweimal vor? Schreibe sie auf.

_____

3. Suche dir ein Tier heraus und schreibe oder male auf, was du darüber weißt.

4. Vergleiche mit deinem Partner.

Name: _____ Datum: _____

Was fressen Haustiere gerne?

1. Verbinde die Tiere mit ihrem Lieblingsfutter.

2. Schreibe die Wörter.

Tier	Futter

Name: _____ Datum: _____

Mein Haustier

1. Zeichne dein Haustier oder dein Wunschtier in die Box.

2. Welche Informationen kannst du über dein Tier geben?

Name: _____

Tierart: _____

Alter: _____

Farbe: _____

Mädchen/Junge: _____

Weitere Informationen: _____

_____

3. Erzähle deinem Partner etwas über dein Tier.

Name: _____   Datum: _____

Welche Haustiere haben sie?

1. Arbeite mit einem Partner zusammen. Faltet oder schneidet euer Blatt in der Mitte durch. Einer von euch ist Partner A und der andere Partner B. Jeder hat andere Informationen. Fragt euch gegenseitig nach den fehlenden Informationen. Schreibt sie in die Lücken.

Partner A: Welches Tier hat Laura? – Partner B: Ein Pony.							
Laura	Evelyn	Djamila	Paul	Louis	Mira	Amir	Malte
	Hamster			Hund	Katze		Kaninchen und Maus

KV 17

✂ ---

Name: _____   Datum: _____

Welche Haustiere haben sie?

1. Arbeite mit einem Partner zusammen. Faltet oder schneidet euer Blatt in der Mitte durch. Einer von euch ist Partner A und der andere Partner B. Jeder hat andere Informationen. Fragt euch gegenseitig nach den fehlenden Informationen. Schreibt sie in die Lücken.

Partner B: Welches Tier hat Evelyn? – Partner A: Einen Hamster.							
Laura	Evelyn	Djamila	Paul	Louis	Mira	Amir	Malte
Pony		zwei Katzen	Kaninchen und Hund			Maus	

„Das bin ich" – Das DaZ/DaF-Arbeitsheft für Deutschlerner (A1) Grundschule
Autoren: Alexandra Köhler, Wolfgang Froese
Illustration: Liliane Oser

KV 17

Name: _____ Datum: _____

Die Haustiere deiner Klassenkameraden

1. Befrage deine Klassenkameraden zu ihren Haustieren. Mache für jedes genannte Haustier einen Strich in der Tabelle.

Hast du einen Hund? Wie heißt er?

Hund	Katze	Pony	Wellen-sittich	Hamster	Kaninchen	Maus

2. Welches Tier hat die meisten Striche? Erstelle eine Rangfolge.

1. _____ 2. _____ 3. _____ 4. _____

3. Suche dir drei Klassenkameraden mit drei Haustieren aus. Frage nach dem Namen, dem Alter und der Farbe ihres Tieres. Schreibe die Informationen in die Tabelle.

Name des Mitschülers:			
Tier:			
Name des Tieres:			
Alter des Tieres:			
Farbe des Tieres:			
Weitere Informationen:			

4. Vergleiche mit deinem Partner.

* Zusatzaufgabe: Suche dir einen oder mehrere Klassenkameraden aus deiner Tabelle aus. Schreibe ganze Sätze auf.
Beispiel: *Tim hat ein Haustier. Es ist ein …*

_____

_____

_____

Name: Datum:

Mein lustiges Haustier 1

1. Wähle vier Tiere aus, male sie witzig an und schneide sie aus.
   In das freie Feld kannst du selbst ein Tier malen.

Name: _____   Datum: _____

Mein lustiges Haustier 2

1. Klebe die ausgeschnittenen Tiere auf die freien Felder und schreibe einen lustigen Tiernamen darunter.

KV 20

32

Name: _____ Datum: _____

Mein Lieblingstier

1. Erstelle ein Informationsblatt zu deinem Lieblingstier.
   Du kannst ein Foto einkleben, ein Bild malen, oder aus Zeitungen und
   Zeitschriften ausschneiden.

2. Du kannst dein Infoblatt deiner Klasse/einer Gruppe präsentieren.

Mein Lieblingstier

4 Meine Freunde und Freizeitaktivitäten

Sachinformation

Das Thema ist für die Kinder besonders ansprechend, da die verschiedenen Aufgaben einen direkten Bezug zu ihrem Alltag aufweisen. Sie beschreiben ihren besten Freund, erzählen etwas über ihre Freizeitaktivitäten und erfahren, wie ihre Klassenkameraden ihre Freizeit verbringen.

Welche Kompetenzen werden weiterentwickelt?

Nach dem Prinzip „Ich – Du – Wir" entwickeln und erweitern die Kinder folgende Kompetenzen:

Hör- und Hör-Sehverstehen
Die Kinder
- verstehen Einzelinformationen bei der Aufgabe mit Informationslücken und der Umfrage in der Klasse.

Lesen
Die Kinder
- verstehen einfache, wiederkehrende Arbeitsanweisungen.

Sprechen
Die Kinder
- stellen kurz mündlich einem Partner ihren Steckbrief vor,
- stellen ihren Mitschülern einfache Fragen in einer Umfrage,
- halten eine kurze Präsentation oder präsentieren ihre Mindmap mündlich.

Schreiben
Die Kinder
- beschreiben ihren Freund,
- schreiben Listen zu ihren Freizeitaktivitäten,
- notieren die Antworten aus einer Umfrage,
- erstellen eine Mindmap / schreiben Interviewantworten auf.

Benötigtes Material

- Stifte
- ggf. Tonpapier oder größeres Blatt für die Erstellung eines Posters

Methodische Hinweise

Die Kopiervorlagen können entweder von der Lehrkraft ausgewählt oder den Kindern als Wahl- oder Pflichtaufgaben zur Verfügung gestellt werden.

Mein bester Freund (KV 22)
Bei dieser Aufgabe beschreiben die Kinder den besten oder einen guten Freund. Wenn sie mehrere gute Freunde haben und sich nicht für einen entscheiden können, besteht hier auch die Möglichkeit, mehrere Freunde zu beschreiben. Je nach Leistungsstärke tragen sie Informationen in einem Steckbrief zusammen und notieren Stichwörter oder ganze Sätze. Anschließend präsentieren sie ihren Steckbrief kurz einem Partner.

Freizeitaktivitäten mit Freunden (KV 23)
Dies ist eine Übung mit Informationslücken, bei der die Kinder zu zweit arbeiten. Sie befragen ihren Partner nach den fehlenden Informationen und tragen diese ein.

Meine Freizeitaktivitäten (KV 24)
Die Kinder notieren kurz ihre Freizeitaktivitäten. Anschließend schreiben sie diese für jeden Wochentag auf. Als Alternative können sie die Aktivitäten auch aufmalen. Bei der Befragung ihrer Klassenkameraden zu ganz bestimmten Aktivitäten können sich auch noch weitere Aufgaben entwickeln. Die Klasse könnte beispielsweise eine allgemeine Umfrage zu den Freizeitaktivitäten in der Klasse durchführen und eine Top 5 der beliebtesten Freizeitaktivitäten der Klasse erstellen.

Meine Freizeitaktivitäten – Mindmap (KV 25)
Hier erstellen die Kinder eine Mindmap mit ihren Freizeitaktivitäten zu vier Oberthemen. Die Oberthemen können auch verändert werden. Es besteht die Möglichkeit, die Mindmap auf ein Poster zu übertragen und mit Bildern auszugestalten. Diese könnten dann im Plenum präsentiert, mit anderen verglichen und im Klassenraum aufgehängt werden.

Interview: Mein Mitschüler / Meine Mitschülerin (KV 26)
Bei der Aufgabe stellen die Kinder einen Klassenkameraden vor. Hier gibt es auch die Möglichkeit, jemanden vorzustellen, mit dem man nicht so viel zu tun hat. Die Kinder können sich bei den Interviewfragen an dem Beispiel orientieren oder sich eigene Fragen ausdenken. Für das Verfassen der schriftlichen Präsentation können sie sich gegenseitig helfen und die Texte eventuell zusammen erstellen.

Methoden

- Partnergespräch
- Informationslücken
- eine Umfrage
- eine Mindmap
- ein Interview

Sprachliche Mittel: *Meine Freunde und Freizeitaktivitäten*

Wortschatz
bester, beste, Freund, Freundin, Steckbrief, Hobbys, Alter, lebt in, Lieblings-, Farbe, Lieblingstier, Lieblingssport, Aktivität, Fußball, Spiel, Computerspiele, (zu-)hören, Musik, Schlagzeug, Tennis, Hund, Fernseher, fernschauen, Freizeit, Freunde, Sport, lesen, Buch, shoppen gehen, lange schlafen, tanzen, skaten, Essen, Musikstar, singen, Montag, Dienstag, Mittwoch, Donnerstag, Freitag, Samstag, Sonntag

Strukturen
- Mein bester Freund / Meine beste Freundin heißt …
- Er ist ein Junge / Sie ist ein Mädchen.
- Seine/Ihre Lieblingsfarbe ist …
- Er/Sie ist … Jahre alt.
- Sein/Ihr Lieblingssport / Lieblingstier ist …
- Seine/Ihre Hobbys sind …
- Welche Aktivitäten macht …?
- Er/Sie spielt …
- Machst du …? Magst du …?
- Ja, mache ich. / Nein, mache ich nicht.
- Ich mag … / Ich mag … nicht.

Name: _____ Datum: _____

Mein bester Freund

1. Male ein Bild von deinem besten Freund / deiner besten Freundin.

   Mein bester Freund / Meine beste Freundin heißt

   _____ .

2. Was weißt du über deinen Freund/deine Freundin? Schreibe einen kurzen Steckbrief. Du darfst auch ganze Sätze schreiben.

   Alter • lebt in • Hobbys • Lieblingsfarbe • Lieblingstier • Lieblingssport

   Mein bester Freund / Meine beste Freundin _____

3. Präsentiere deinen Steckbrief deinem Partner.

„Das bin ich" – Das DaZ/DaF-Arbeitsheft für Deutschlerner (A1) Grundschule
Autoren: Alexandra Köhler, Wolfgang Froese
Illustration: Liliane Oser

KV 22

Name: _____ Datum: _____

Freizeitaktivitäten mit Freunden

Was machen Freunde zusammen?

1. Arbeite mit einem Partner zusammen. Faltet oder schneidet euer Blatt in der Mitte durch. Einer von euch ist Partner A, der andere Partner B. Jeder hat andere Informationen. Fragt euch gegenseitig und findet die fehlenden Informationen. Schreibt sie in die Lücken.

Partner A: Was macht Sophie? – Partner B: Sie reitet.							
Sophie	Said	Mia	Lily	Tom	Luis	Katja	Emre
	spielt Fußball			spielt Computerspiele	liest ein Buch		hört Musik

KV 23

✂ --

Name: _____ Datum: _____

Freizeitaktivitäten mit Freunden

Was machen Freunde zusammen?

1. Arbeite mit einem Partner zusammen. Faltet oder schneidet euer Blatt in der Mitte durch. Einer von euch ist Partner A, der andere Partner B. Jeder hat andere Informationen. Befragt euch gegenseitig und findet die fehlenden Informationen. Schreibt sie in die Lücken.

Partner B: Was macht Said? – Partner A: Er spielt Fußball.							
Sophie	Said	Mia	Lily	Tom	Luis	Katja	Emre
reitet		spielt mit dem Hund	spielt Tennis			spielt Schlagzeug	

„Das bin ich" – Das DaZ/DaF-Arbeitsheft für Deutschlerner (A1) Grundschule
Autoren: Alexandra Köhler, Wolfgang Froese
Illustration: Liliane Oser

KV 23

Name: _____ Datum: _____

Meine Freizeitaktivitäten

1. Schreibe mindestens drei von deinen Freizeitaktivitäten auf.

_____   _____   _____

_____   _____   _____

2. Schreibe oder male, was du an diesen Wochentagen unternimmst.

Tag:	Montag	Dienstag	Mittwoch	Donnerstag	Freitag	Samstag	Sonntag
Aktivitäten:							

3. Frage in deiner Klasse herum und finde Klassenkameraden, die folgende Hobbys haben. Schreibe die Namen auf.

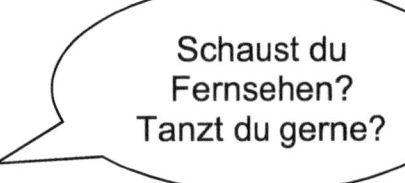

Finde einen Klassenkameraden, der gerne… /
Finde eine Klassenkameradin, die gerne…

a) Fernsehen schaut _____

b) skatet _____

c) tanzt _____

d) Bücher liest _____

e) shoppen geht _____

f) singt _____

g) schläft _____

„Das bin ich" – Das DaZ/DaF-Arbeitsheft für Deutschlerner (A1) Grundschule
Autoren: Alexandra Köhler, Wolfgang Froese
Illustration: Liliane Oser

KV 24

Meine Freizeitaktivitäten – Mindmap

1. Erstelle eine Mindmap zu deinen Freizeitaktivitäten. Du kannst auch Bilder dazu malen oder die Mindmap auf ein Poster übertragen und es im Klassenraum aufhängen.

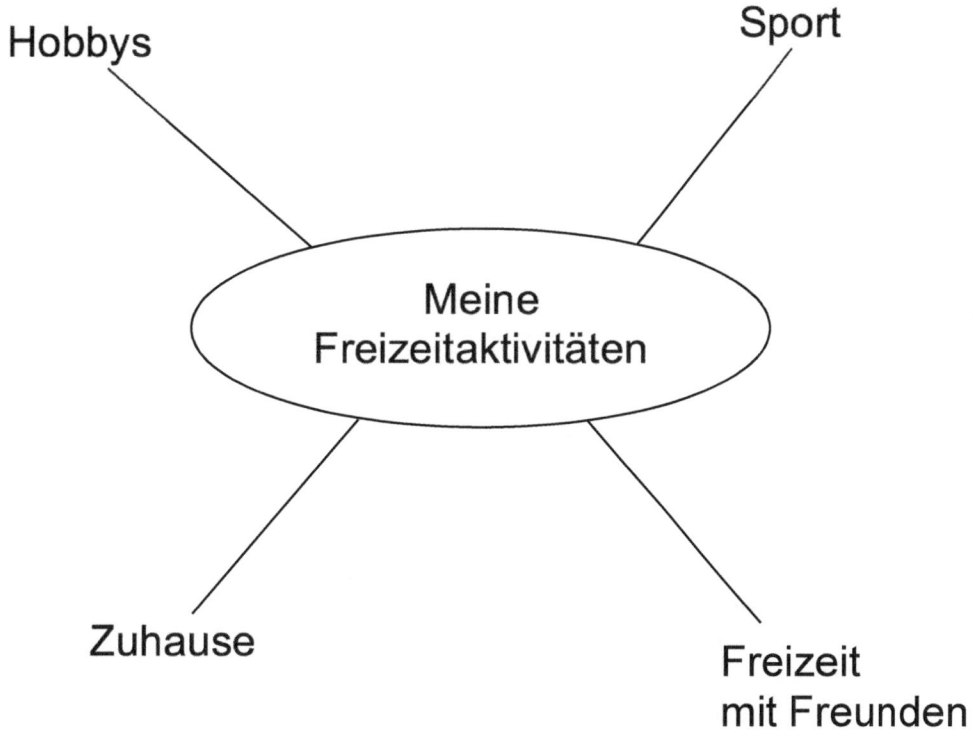

Name: _____ Datum: _____

Interview: Mein Mitschüler / Meine Mitschülerin

1. Erstelle ein Interview wie im Beispiel und interviewe einen Klassenkameraden. Du kannst dir auch eigene Interviewfragen ausdenken.

Fragen:	Name des Mitschülers:
Was ist dein/e Lieblings-…	
… Freizeitaktivität?	
… Farbe?	
… Sport?	
… Musik/Musiker?	
… Haustier?	
… Essen?	
Was magst du?	
Was magst du nicht?	

2. Schreibe aus den Interviewantworten einen kurzen Text oder mache dir Notizen und bereite einen Kurzvortrag vor. Übe den Kurzvortrag ein und präsentiere ihn vor der Klasse.

Kurzvortrag:
Ich erzähle euch etwas über meinen Mitschüler/ meine Mitschülerin …
Seine/Ihre Lieblings-Freizeitaktivitäten sind …
Seine/Ihre Lieblingsfarbe ist … und
sein/ihr Lieblingssport ist …
Er/Sie mag … Er/Sie mag nicht …

„Das bin ich" – Das DaZ/DaF-Arbeitsheft für Deutschlerner (A1) Grundschule
Autoren: Alexandra Köhler, Wolfgang Froese
Illustration: Liliane Oser

KV 26

40

5 Mein Körper

Sachinformation

Jedes Kind kann etwas über seine Körperteile und die eigenen körperlichen Besonderheiten (Körpergröße, Augen- und Haarfarbe etc.) erzählen. Somit spricht die Thematik jedes Kind mit seiner eigenen, ganz speziellen Wahrnehmung von sich selbst an.

Welche Kompetenzen werden weiterentwickelt?

Nach dem Prinzip „Ich – Du – Wir" entwickeln und erweitern die Kinder folgende Kompetenzen:

Hör- und Hör-Sehverstehen
Die Kinder
- verstehen das Wesentliche in einfachen Gesprächen.

Lesen
Die Kinder
- lesen und verstehen einfache Arbeitsanweisungen.

Sprechen
Die Kinder
- beschreiben ihr Aussehen mündlich,
- präsentieren die Ergebnisse ihrer selbst gewählten Aufgabe mündlich.

Schreiben
Die Kinder
- beschriften ihr Bild mit den deutschen Begriffen,
- beschreiben sich in kurzen Sätzen bzw. Stichpunkten selbst.

Benötigtes Material

- Schere
- Stifte, Edding
- Kleber
- Poster/Blätter

Methodische Hinweise

Die Kopiervorlagen können entweder von der Lehrkraft ausgewählt oder den Kindern als Wahl- oder Pflichtaufgaben zur Verfügung gestellt werden.

Mein Gesicht (KV 27)
Hier zeichnen die Kinder ihr Gesicht und beschriften es. Dabei wiederholen sie den Wortschatz und ordnen ihn entsprechend zu. Zusätzlich beschreiben sie kurz ihre Augen- und Haarfarbe und können je nach Kenntnis- und Leistungsstand noch eigene Informationen hinzufügen. Ältere und leistungsstärkere Kinder können ganze Sätze schreiben, während andere nur Stichpunkte notieren.

Mein Körper 1 und 2 (KV 28 und 29)
Bei dieser Aufgabe schneiden die Kinder die Bilder und die deutschen Begriffe zunächst aus und legen sie dann passend zusammen. Hier besteht die Möglichkeit, die Ergebnisse zuerst mit einem Partner oder dem Plenum zu vergleichen, bevor die Kinder sie aufkleben.

Roboter (KV 30)
Das Prinzip *Hör zu und ...* ist den Kindern bekannt. Nun sollen sie diese Übung gemeinsam mit einem Partner durchführen. Dazu könnten sich die Kinder bereits im Vorfeld für sich allein passende Sätze/Aufforderungen überlegen und diese notieren. Dann sagt Partner A dem Partner B die Sätze vor *(Die Augen sind blau, ...)* und Partner B malt die Augen entsprechend an.
Bei der Zusatzaufgabe können leistungsstärkere Kinder mithilfe ihres Partners bereits einen Roboter erstellen: *Dein Roboter hat lange Arme und eine große Nase.* Oder sie malen ihren eigenen Roboter.

Fantasiefiguren und Körperteile (KV 31)
Die Kinder dürfen nun aus vier Aufgaben auswählen und sich entscheiden, in welcher Sozialform sie arbeiten. Die Lehrkraft sollte die Materialien wie Poster, Blätter, Eddings etc. zur Verfügung stellen.

Methoden

- Ordne die Bilder den Wörtern zu
- Hör zu und male an
- Partnerarbeit (hör zu und zeichne)
- Aufgabe: Erstelle ein Poster/kleines Buch/eine Collage, ein Lied/Spiel oder eine Umfrage in der Klasse

Sprachliche Mittel: *Mein Körper*

Wortschatz
Gesicht, Kinn, Haare, Augen, Nase, Ohr, Mund, Aussehen, Haarfarbe, Augenfarbe, grün, grau, blau, braun, schwarz, blond, rot, Körperteile, Arme, Hände, Füße, kurz, lang, klein, groß, Finger, Zeh, Zähne, Knie, Bein, Kopf, Schulter, Roboter, Lied, Rap

Strukturen
- Meine Augen sind…
- Meine Haarfarbe ist…
- Ich habe lange Arme…
- Ich bin groß…
- Ich habe lange / kurze Haare…

Name: _____ Datum: _____

Mein Gesicht

1. Male dein Gesicht. Schreibe die deutschen Begriffe dazu: *Kinn, Haare, Augen, Nase, Ohr, Mund*.

2. Ergänze die Sätze.

Meine Augenfarbe ist _____

Meine Haarfarbe ist _____

3. Schreibe noch mehr über dich.

Arme • Hände • Füße • Haare • kurz • lang • groß • klein

_____

_____

_____

4. Erzähle deinem Partner etwas über dich und dein Aussehen.

„Das bin ich" – Das DaZ/DaF-Arbeitsheft für Deutschlerner (A1) Grundschule
Autoren: Alexandra Köhler, Wolfgang Froese
Illustration: Liliane Oser

KV 27

Name: _____   Datum: _____

Mein Körper 1

1. Schneide die Bilder und Begriffe aus und lege sie zusammen. Danach kannst du sie aufkleben. Du kannst dir noch eigene Körperteile ausdenken und sie beschriften.

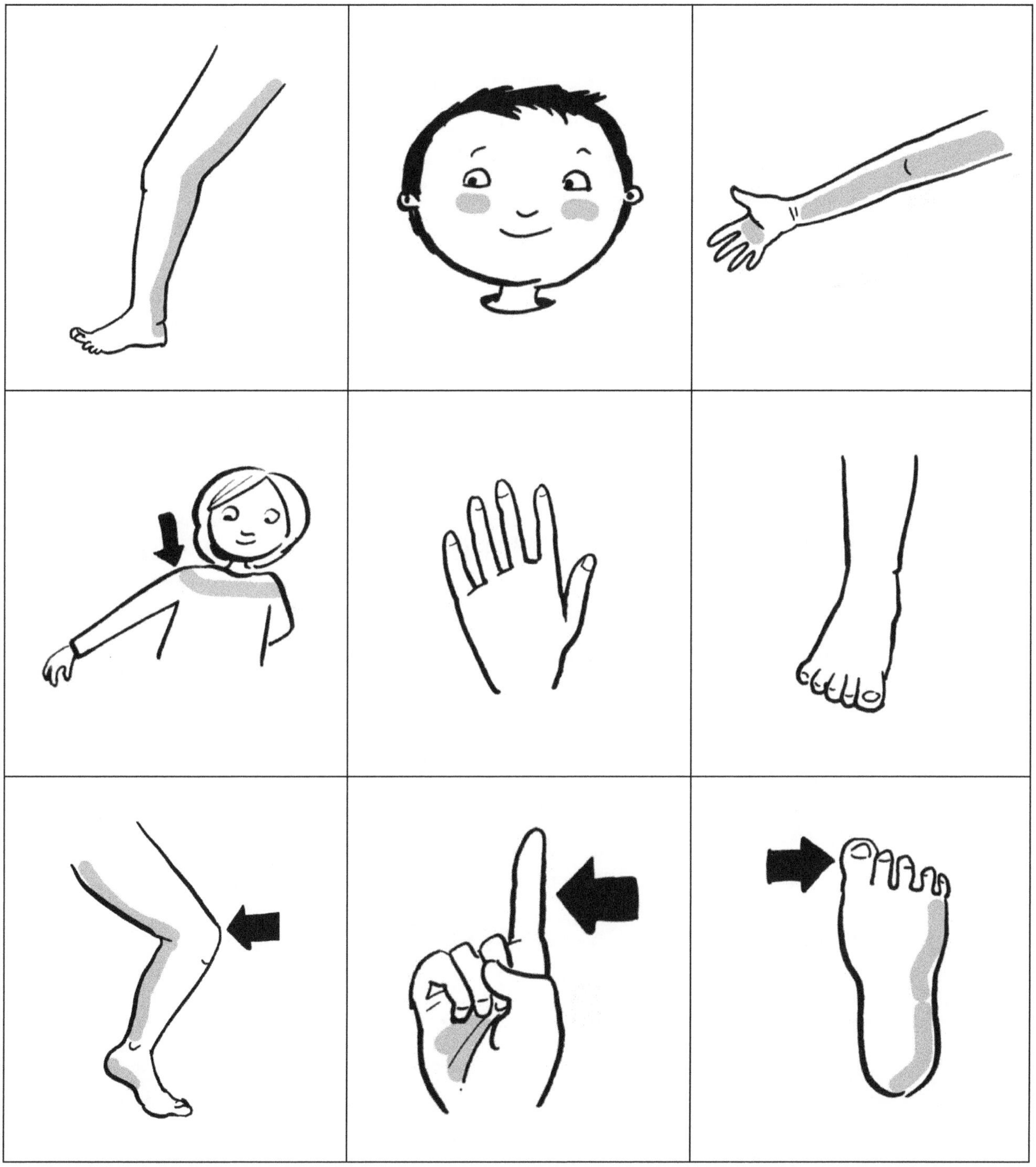

Name: Datum:

Mein Körper 2

Bein	Kopf	Arm
Schulter	Hand	Fuß
Knie	Finger	Zeh

KV 29

Name: _____ Datum: _____

Roboter

1. Male den Roboter Nummer 1 an.

2. Arbeite mit einem Partner. Dein Partner beschreibt dir seinen Roboter Nummer 1 und du malst Roboter Nummer 2 an. Danach tauscht ihr die Rollen.

> Die Augen deines Roboters sind…
> Er hat … Haare. Seine Zähne sind…
> Er hat … Füße und … Arme. …

3. Vergleiche deinen Roboter mit dem Roboter deines Partners. Welche Unterschiede gibt es? Gibt es Gemeinsamkeiten?

* Zusatzaufgabe: Male deinen eigenen Roboter und beschrifte ihn.

Name: _____ Datum: _____

Fantasiefiguren und Körperteile

1. Arbeite allein oder mit einem Partner. Wähle eine Aufgabe aus.

2. Stell dein Ergebnis der Klasse vor.

Aufgabe 1: Denke dir eine Figur aus (ein Fantasiewesen). Stelle die Figur dar (auf einem Poster, einer Collage etc.) und beschrifte die Körperteile.

Aufgabe 2: Schreibe ein Lied, einen Rap oder ein Spiel. Nenne dabei die Körperteile auf Deutsch.

Beispiele:
Zeig deinen rechten Fuß.
Schüttle deine linke Hand.
Dreh dich um und schließ die Augen.

Alle mit blauen Augen setzen sich hin.
Alle mit braunen Augen tauschen den Platz mit allen, die braune Haare haben.

Aufgabe 3: Erstelle ein Körper-Bingo/Körper-Memory mit Körperteilen.

	Hand		Fuß

Aufgabe 4: Frage deine Klassenkameraden: Wie viele Schüler haben blaue, braune, grüne oder graue Augen? Und wie viele Schüler haben schwarze, braune, blonde oder rote Haare?

Augenfarbe:	blau	braun	grün	grau
Anzahl:				

Haarfarbe:	schwarz	braun	blond	rot
Anzahl:				

„Das bin ich" – Das DaZ/DaF-Arbeitsheft für Deutschlerner (A1) Grundschule
Autoren: Alexandra Köhler, Wolfgang Froese
Illustration: Liliane Oser

6 Meine Klasse

Sachinformation

Das Thema *Meine Klasse* setzt sich mit der aktuellen Situation der Kinder in der Schule auseinander. Die Kinder können sich aus ihrer unmittelbaren alltäglichen Umgebung heraus mit den Aufgaben befassen. Dabei stellen sie ihren Klassenraum bildlich dar, benennen ihre Lieblingsfächer, befragen ihre Klassenkameraden zu ihren Lieblingsfächern und zählen die Gegenstände in ihrer Schultasche auf.

Welche Kompetenzen werden weiterentwickelt?

Nach dem Prinzip „Ich – Du – Wir" entwickeln und erweitern die Kinder folgende Kompetenzen:

Hör- und Hör-Sehverstehen
Die Kinder
- verstehen das Wesentliche aus einfachen Gesprächen (Umfrage zu den Fächern ihrer Klassenkameraden).

Lesen
Die Kinder
- erfassen mithilfe von Bildern die Bedeutung von deutschen Wörtern,
- lesen und verstehen einfache Arbeitsanweisungen.

Sprechen
Die Kinder
- benennen ihre Lieblingsfächer mündlich,
- befragen ihre Klassenkameraden mündlich zu ihren Lieblingsfächern,
- bilden einfache Frage- und Antwortsätze mit einem Partner.

Schreiben
Die Kinder
- beschriften ihr Bild vom Klassenraum,
- notieren ihre Lieblingsfächer schriftlich.

Benötigtes Material

- Schere
- Kleber
- Stifte

Methodische Hinweise

Die Kopiervorlagen können entweder von der Lehrkraft ausgewählt oder den Kindern als Wahl- oder Pflichtaufgaben zur Verfügung gestellt werden.

Mein Klassenraum (KV 32)
Bei dieser Aufgabe malen die Kinder ihren Klassenraum und setzen bestimmte Akzente, z. B. welche Möbel sie aufzeichnen, ob sie ihre Klassenkameraden in das Bild integrieren etc. Danach beschriften sie ihr Bild und vergleichen es mit dem Bild eines Partners. Für weitere Gesprächsanlässe könnten die Bilder als Grundlage dienen.

Meine Schulfächer (KV 33)
Die Kinder schreiben mindestens ein Fach pro Tag auf. An dieser Stelle gäbe es auch die Möglichkeit, einen kompletten Stundenplan auf Deutsch anzufertigen. Als Nächstes nennen die Kinder ihre Lieblingsfächer und befragen ihre Klassenkameraden dazu. Die Ergebnisse halten sie durch Striche fest. Beim Auszählen der Striche erstellen die Kinder eine TOP 5 der meistgenannten Fächer. Die Listen könnten im Plenum verglichen werden.

In einer Schultasche 1 und 2 (KV 34 und KV 35)
Die Kinder lernen neuen Wortschatz zum Thema kennen oder wiederholen diesen, indem sie die Bilder den deutschen Begriffen zuordnen.

Was ist in meiner Schultasche? (KV 36)
Die Kinder schauen in ihre Tasche, malen die darin enthaltenen Gegenstände auf und beschriften sie. Aus der Neugier heraus könnten die Kinder nach mehr deutschen Vokabeln für weitere Gegenstände aus ihrer Tasche fragen, die dann eingeführt werden könnten.

Was ist in deiner Schultasche? (KV 37)
Bei dieser Aufgabe entwickeln die Kinder einen kurzen Frage- und Antwortdialog. Sie fragen sich gegenseitig nach Gegenständen in ihrer Tasche und zeigen sich diese. Durch diese Übung trainieren sie das freie Sprechen und festigen den Wortschatz. Bei der anschließenden Gruppenarbeit vertiefen sie den Wortschatz zum Thema. Beim Befragen in der Übung *Finde jemanden, der …* könnten die Kinder noch eigene Ideen äußern und vielleicht selbst Aufgaben entwickeln.

Methoden

- Umfrage zu Lieblingsfächern
- Bildern Wörter zuordnen
- Partnergespräch
- Dialog über die Schultasche deines Partners
- ein Spiel spielen
- Finde jemanden, der…

Sprachliche Mittel: *Meine Klasse*

Wortschatz

Klassenraum, Tafel, Tisch, Stuhl, Fenster, Schrank, Wochentag, Montag, Dienstag, Mittwoch, Donnerstag, Freitag, (Schul-)Fach, Lieblings-, Mathe, Deutsch, Englisch, Sport, Kunst, Musik, Religion, Schultasche, Radiergummi, Buch, Lineal, Füller, Übungsheft, Schere, Bleistift, Mappe, Kleber, Federmappe, Anspitzer, rot, gelb, Apfel

Strukturen
- Was ist dein Lieblingsfach?
- Mein Lieblingsfach ist …
- Meine Lieblingsfächer sind …
- Ich habe in meiner Schultasche …
- Was ist in deiner Schultasche?
- Was ist das?
- Das ist ein/eine …

Name: _____ Datum: _____

Mein Klassenraum

1. Male ein Bild von deinem Klassenraum.

2. Beschrifte dein Bild mit den deutschen Wörtern: *Tafel, Tisch, Stuhl, Fenster, Schrank, …*

3. Vergleiche mit einem Partner.

„Das bin ich" – Das DaZ/DaF-Arbeitsheft für Deutschlerner (A1) Grundschule
Autoren: Alexandra Köhler, Wolfgang Froese
Illustration: Liliane Oser

KV 32

49

Name: _____ Datum: _____

Meine Schulfächer

1. Schreibe mindestens ein Fach auf, welches du an dem Wochentag hast:

Tag:	Montag	Dienstag	Mittwoch	Donnerstag	Freitag
Fach:					

2. Was ist dein Lieblingsfach? Oder hast du mehrere Lieblingsfächer? Schreibe auf.

Mein Lieblingsfach ist: _____

Meine Lieblingsfächer sind: _____

_____

3. Frage deine Klassenkameraden nach ihren Lieblingsfächern. Trage mit Strichen die Anzahl ein.

Was ist dein Lieblingsfach?

Fach:	Englisch	Mathe	Deutsch	Sport	Kunst	Musik	Religion
Anzahl:							

Weitere Fächer: _____

4. Zähle die Striche aus. Erstelle eine TOP 5 der beliebtesten Fächer in deiner Klasse.

5. Präsentiere deine Ergebnisse einer Gruppe oder der Klasse.

Name: _____ Datum: _____

In einer Schultasche (1)

1. Schneide die deutschen Begriffe aus. Lege die Begriffe mit den Bildern (KV 35) aneinander. Klebe sie auf.

Buch	Radiergummi	Lineal	Bleistift
Übungsheft	Schere	Füller	Mappe
Kleber	Federmappe	Anspitzer	Englischbuch

In einer Schultasche (2)

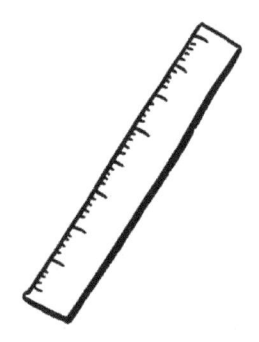

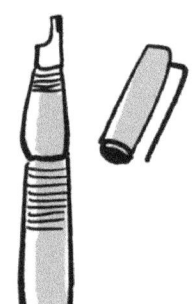
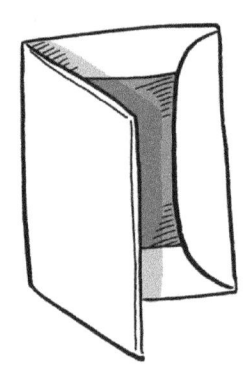

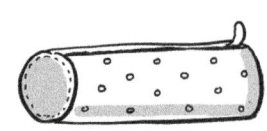

Was ist in meiner Schultasche?

1. Schau in deine Schultasche und male auf, was du dort findest.

2. Finde die deutschen Begriffe heraus und beschrifte die Gegenstände.

„Das bin ich" – Das DaZ/DaF-Arbeitsheft für Deutschlerner (A1) Grundschule
Autoren: Alexandra Köhler, Wolfgang Froese
Illustration: Liliane Oser

KV 36

Name: _____   Datum: _____

Was ist in deiner Schultasche?

1. Erzähle deinem Partner, was du in deiner Schultasche hast. Was hat dein Partner in seiner Schultasche?

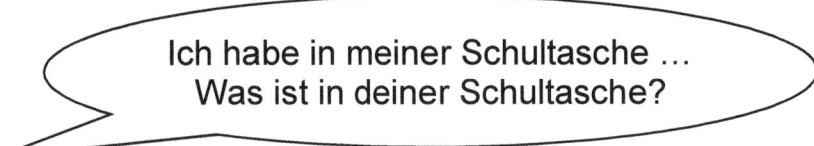

Ich habe in meiner Schultasche …
Was ist in deiner Schultasche?

2. Arbeitet in einer Gruppe zusammen und spielt ein Spiel: Jeder zeigt der Reihe nach einen Gegenstand aus seiner Tasche. Die anderen sagen, wie der Gegenstand heißt.

   S 1: Schaut mal, was ich habe (zeigt ein Buch). Was ist das?
   S 2 und 3: Das ist ein Buch.

3. Finde jemanden in deiner Klasse, der diese Dinge in der Schultasche hat. Schreibe den Namen auf:

   a) zwei Scheren: _____

   b) drei Bleistifte: _____

   c) einen roten Stift: _____

   d) einen Anspitzer: _____

   e) zwei Radiergummis in der Federmappe: _____

   f) eine gelbe Mappe: _____

   g) einen Apfel: _____

7 Was ich mag

Sachinformation

Bei der Aufgabenstellung *Was ich mag* können die Kinder ihre eigenen Vorlieben und Interessen in Bezug auf Kleidung, Freizeitgestaltung, Essen und Trinken darlegen. Aus dieser Aufgabenstellung heraus können sie eigene Schwerpunkte setzen und ihre persönlichen Vorlieben in den Vordergrund stellen. Dabei wird der Wortschatz aus vorigen Kapiteln wiederholt und eingesetzt.

Welche Kompetenzen werden weiterentwickelt?

Nach dem Prinzip „Ich – Du – Wir" entwickeln und erweitern die Kinder folgende Kompetenzen:

Hör- und Hör-Sehverstehen
Die Kinder
- verstehen Einzelinformationen aus einer Umfrage.

Lesen
Die Kinder
- lesen und verstehen einfache Arbeitsanweisungen,
- erfassen mithilfe von Bildern die Bedeutung deutscher Begriffe.

Sprechen
Die Kinder
- stellen ihren Mitschülern in einer Umfrage einfache vorgegebene Fragen,
- führen mit Hilfsmitteln (vorgegebene Sätze) einen kurzen Dialog und üben diesen ein.

Schreiben
Die Kinder
- halten die Antworten ihrer Mitschüler schriftlich fest,
- beschreiben ihr Lieblingsessen und -getränk,
- beschriften Sprechblasen,
- schreiben Listen.

Benötigtes Material

- Schere
- Stifte, Edding
- Kleber

Methodische Hinweise

Die Kopiervorlagen können entweder von der Lehrkraft ausgewählt oder den Kindern als Wahl- oder Pflichtaufgaben zur Verfügung gestellt werden.

Was ich mag (KV 38)
Hier vervollständigen die Kinder die vorgegebenen Sätze in den Sprechblasen und drücken ihre Vorlieben aus. Zusätzlich erstellen sie drei eigene Sprechblasen mit Sätzen zu ihren Lieblingsdingen.

Meine Lieblingsdinge: Top 5 (KV 39)
Bei dieser Aufgabe stellen die Kinder eine Liste mit ihren Lieblingsdingen zusammen. Anschließend versuchen sie, Klassenkameraden zu finden, die die gleichen Dinge in ihrer Liste aufgeführt haben. Hier sollte die Lehrkraft bei der Fragestellung Hilfe leisten. Gemeinsamkeiten werden in eine Liste eingetragen und könnten im Plenum ausgewertet werden. Daraus könnte eine TOP 5 der Klasse entstehen.
Leistungsstärkere Kinder haben bei der Zusatzaufgabe die Möglichkeit, ganze Sätze zu formulieren.

Die Lieblingsdinge meiner Mitschüler (KV 40)
Die Kinder befragen ihre Klassenkameraden mithilfe von vorformulierten Fragen. Die Antworten tragen sie in die Tabelle ein. In der zweiten Aufgabe bearbeiten die Kinder die Aufgabe *Finde jemanden, dessen ...*

Mein Lieblingsessen und -getränk 1 und 2 (KV 41 und KV 42)
Bei dieser Übung schneiden die Kinder die Kärtchen aus und kleben sie unter die passenden Wörter in der Tabelle. In der zweiten Aufgabe nennen sie ihr Lieblingsessen und -getränk.

Was ist dein Lieblingsessen? – Ein Dialog (KV 43)
Bei dieser Aufgabe schneiden die Kinder den Dialog zunächst aus und legen die Abschnitte in die richtige Reihenfolge. Dabei können sie auch Sätze weglassen oder eventuell eigene hinzufügen. Als Nächstes sprechen sie den Dialog mit einem Partner und üben ihn gemeinsam ein. Beim Einüben bietet es sich an, die Kinder darauf hinzuweisen, entsprechende Mimik und Gestik zu benutzen, um den Dialog besser zu verinnerlichen.

Methoden

- Umfrage zu den Vorlieben der Mitschüler
- Finde jemanden, der...
- Partnergespräch
- Dialog über das Lieblingsessen

Sprachliche Mittel: *Was ich mag*

Wortschatz

Lieblings-, Ding, Sprechblase, Vorliebe, Farbe, (Schul-)Fach, Sport, Lied, Tier, Haustier, Hobby, Fußballmannschaft, Kleidung, grün, Hamster, Basketball, lesen, Buch, Tag, Star, Elefant, Kunst, Salat, Ski fahren, Getränk, Essen, Tee, Auto, Pizza, Pommes, Hamburger, Hühnchen, Cola, Fisch, Suppe, Saft, Wasser, Limonade, Eis, Schokolade, Sandwich, Milch, Käse, Spaghetti, Kaffee

Strukturen

- Was ist dein Lieblings…?
- Mein Lieblingssport ist …
- Was sind deine Lieblingsdinge?
- Meine Lieblingsdinge sind …
- Ich mag das, weil …
- Ist deine Lieblingsfarbe grün?
- Ja, ist es. Nein, ist es nicht.
- Mein Lieblingsessen/-getränk ist …
- Gibt es Dinge, die du nicht magst?
- Ich mag … / Ich mag … nicht / Ich mag kein/e …

Name: _____   Datum: _____

Was ich mag

1. Schreibe deine Lieblingsdinge in die Sprechblasen. Denke dir noch drei eigene Sprechblasen aus.

- Meine Lieblingsfarbe ist _____
- Mein Lieblingssport ist _____
- Mein Lieblingslied ist _____
- Mein Lieblingstier ist _____
- Mein Lieblingshobby ist _____
- Mein Lieblingshaustier ist _____
- Mein Lieblingsfach ist _____
- Meine Lieblingsfußballmannschaft ist _____

2. Erzähle einem Partner von deinen Vorlieben.

„Das bin ich" – Das DaZ/DaF-Arbeitsheft für Deutschlerner (A1) Grundschule
Autoren: Alexandra Köhler, Wolfgang Froese
Illustration: Liliane Oser

KV 38

Name: _____ Datum: _____

Meine Lieblingsdinge: Top 5

1. Erstelle eine Top 5-Liste der Dinge, die du am liebsten magst. Schreibe die Dinge auf und male ein Bild dazu.

Top 5 meiner Lieblingsdinge:

1. _____
2. _____
3. _____
4. _____
5. _____

2. Finde Klassenkameraden, die gleiche Lieblingsdinge haben wie du. Schreibe sie auf.

Was sind deine Lieblingsdinge? Was ist auf deiner Top 5-Liste?

Name:							
Gleiche Lieblings-dinge:							

* **Zusatzaufgabe:** Suche dir eins deiner Lieblingsdinge aus. Schreibe auf, warum du es so gern magst.
Beispiel: *Ich mag …, weil … / Es ist eines meiner Lieblingsdinge, weil …*

Name: _____ Datum: _____

Die Lieblingsdinge meiner Mitschüler

1. Frage deine Klassenkameraden und schreibe ihre Antworten in die Tabelle.

   Was ist dein/deine Lieblings…?
   Mein/Meine Lieblings… ist …

Name:							
Lieblings-tier?							
Lieblings-lied?							
Lieblings-farbe?							
Lieblings-fußball-mann-schaft?							
Lieblings-fach?							
Lieblings-tag?							

2. Finde jemanden in deiner Klasse, der diese Lieblingsdinge hat und schreibe seinen Namen auf.

   Ist deine Lieblingsfarbe grün?
   Ist … dein Lieblings…?
   Ja, ist es. / Nein, ist es nicht.

   Finde jemanden, dessen …

   a) Lieblingsfarbe grün ist: _____

   b) Lieblingstier ein Hamster ist: _____

   c) Lieblingssport Basketball ist: _____

   d) Lieblingsfach Kunst ist _____

   e) Lieblingsessen Salat ist: _____

   f) Lieblingshobby lesen ist: _____

   g) Lieblingsgetränk Milch ist: _____

   h) Lieblingsbuch Harry Potter ist: _____

„Das bin ich" – Das DaZ/DaF-Arbeitsheft für Deutschlerner (A1) Grundschule
Autoren: Alexandra Köhler, Wolfgang Froese
Illustration: Liliane Oser

KV 40

Name: _____   Datum: _____

Mein Lieblingsessen und -getränk (1)

1. Schneide die Kärtchen aus. Klebe die passenden Bilder in die Tabelle (KV 42).

„Das bin ich" – Das DaZ/DaF-Arbeitsheft für Deutschlerner (A1) Grundschule
Autoren: Alexandra Köhler, Wolfgang Froese
Illustration: Liliane Oser

KV 41

Name: _____ Datum: _____

Mein Lieblingsessen und -getränk (2)

Essen:

Fisch	Käse	Schokolade	Pizza	Sandwich	Salat

Chips	Hamburger	Eis	Spaghetti	Suppe	Hühnchen

Getränke:

Wasser	Saft	Milch	Tee	Kaffee	Limonade

1. Schreibe dein Lieblingsessen und dein Lieblingsgetränk auf.

   Mein Lieblingsessen ist _____.

   Mein Lieblingsgetränk ist _____.

2. Gibt es in der Tabelle oben ein Essen oder ein Getränk, welches du nicht magst? Dann schreibe es auf.

   Ich mag kein/e _____ *und kein/e* _____.

„Das bin ich" – Das DaZ/DaF-Arbeitsheft für Deutschlerner (A1) Grundschule
Autoren: Alexandra Köhler, Wolfgang Froese
Illustration: Liliane Oser

KV 42

Name: _____ Datum: _____

Was ist dein Lieblingsessen? – Ein Dialog

1. Arbeite mit einem Partner zusammen. Schneidet den Dialog aus und legt die Abschnitte in die passende Reihenfolge. Ihr braucht nicht alle Sätze benutzen. Ihr könnt auch noch weitere Sätze schreiben.

Mein Lieblingsessen ist _____.	**Und deins?**
Mein Lieblingsgetränk ist _____.	**Was ist dein Lieblingsgetränk?**
Hallo.	**Ich mag auch** _____.
Tschüss.	**Mein Lieblingsessen ist** _____.
Was ist dein Lieblingsessen?	

2. Tragt euer Lieblingsessen und -getränk ein und führt ein Gespräch.

3. Übt den Dialog ein.

„Das bin ich" – Das DaZ/DaF-Arbeitsheft für Deutschlerner (A1) Grundschule
Autoren: Alexandra Köhler, Wolfgang Froese
Illustration: Liliane Oser

KV 43

8 Mein Urlaub

Sachinformation

Über (Traum-)Urlaube und Reisen zu sprechen kann besonders motivierend für Schüler sein. Viele Kinder sind in den Ferien bereits irgendwo hingefahren oder haben etwas Besonderes unternommen. Von diesen Ereignissen können sie erzählen und sogar einen eigenen Urlaub planen.

Welche Kompetenzen werden weiterentwickelt?

Nach dem Prinzip „Ich – Du – Wir" entwickeln und erweitern die Kinder folgende Kompetenzen:

Hör- und Hör-Sehverstehen
Die Kinder
- verstehen das Wesentliche in einfachen Gesprächen *(Ein Spiel spielen)*.

Lesen
Die Kinder
- verstehen einfache wiederkehrende Arbeitsanweisungen,
- verstehen deutsche Begriffe,
- verstehen einen kurzen Text über Ferien.

Sprechen
Die Kinder
- führen einfache Gespräche über ihr Bild und ihren Urlaub,
- verständigen sich in einfacher Form *(ein Spiel spielen)*,
- halten einen Kurzvortrag zu ihrem Flyer.

Schreiben
Die Kinder
- beschriften ihr Bild mit deutschen Begriffen und kurzen einfachen Sätzen,
- beschreiben, was sie in den Urlaub mitnehmen wollen,
- vervollständigen vorgegebene Sätze und Listen,
- beschreiben in kurzen, einfachen Sätzen ihre Urlaubsplanung.

Benötigtes Material

- Schere
- Zeitschriften
- Stifte
- Kleber
- ggf. Tonpapier für die Flyer

Methodische Hinweise

Die Kopiervorlagen können entweder von der Lehrkraft ausgewählt oder den Kindern als Wahl- oder Pflichtaufgaben zur Verfügung gestellt werden.

Mein letzter Urlaub (KV 44)
Zunächst überlegen die Kinder, welches Urlaubserlebnis sie zeichnerisch festhalten wollen. Je nach Leistungsstand ordnen sie ihren Bildern passende Vokabeln zu oder schreiben bereits einige Sätze. Im Partnergespräch besprechen sie ihre Bilder und ergänzen gemeinsam Vokabeln.

Was ich im Urlaub machen kann (KV 45)
Hier lernen die Kinder den Wortschatz zum Thema kennen oder wiederholen ihn. Sie ordnen die deutschen Begriffe den Bildern zu.

Dinge, die ich in den Urlaub mitnehmen kann (KV 46)
Anhand der Bilder können die Kinder die Wörter in dem Buchstabengitter suchen und einkreisen. Zwei Wörter sind nicht vorhanden. Darüber hinaus besteht die Möglichkeit, Wörter aus dem individuellen Wortschatz der Kinder zu ergänzen.

In meinen nächsten Urlaub möchte ich mitnehmen … (KV 47)
Bei dieser Aufgabe geht es darum, was die Kinder gern in ihren Urlaub mitnehmen. Zuerst überlegen sie, wohin sie fahren möchten, und erzählen dies ihrem Partner. Erst dann schreiben oder malen sie in den Koffer, was sie mitnehmen möchten. In der Gruppe oder mit dem Partner spielen sie im Anschluss das Spiel „Ich packe meinen Koffer".

Aktivitäten in meinem Urlaub (KV 48)
Die Kinder sollen die Sätze vervollständigen. Dazu müssen sie überlegen, was man beispielsweise in der Stadt unternimmt. Manchmal sind hier mehrere Lösungen möglich.
Bei den Transportmitteln tragen die Kinder die Vokabeln ein, die sie bereits kennen. Fehlende Vokabeln oder Aktivitäten können sie in einer Umfrage erfragen und ergänzen.
Zuletzt sollen die Kinder nun je nach Leistungsstand mindestens einen Satz zu ihrem Urlaub verfassen. Dazu können sie sich an dem Beispiel orientieren.

Unser Traumurlaub: Flyer (KV 49)
Die Kinder sammeln zunächst geleitet durch die Fragen auf dem Arbeitsblatt Informationen zu ihrem gemeinsamen Traumurlaub. Im Anschluss erstellen sie einen Flyer dazu. Dieser könnte je nach Möglichkeit auch am Computer erstellt werden. Am Ende wird der Flyer den Klassenkameraden in einem Museumsrundgang präsentiert. Dazu werden von der Lehrkraft Gruppen gebildet (z. B. durch Ziehen von Nummernkärtchen). Jeweils ein Mitglied einer Arbeitsgruppe fungiert als Experte. Dieser Experte präsentiert an seinem Tisch seinen Flyer. In einem zweiten Schritt wandern alle Gruppen einen Tisch weiter, wo der Experte der nächsten Gruppe seinen Flyer vorstellt.

Methoden

- Partnergespräch
- Ein Spiel spielen
- Flyer über Traumurlaub (Gruppenarbeit/Museumsrundgang)

Sprachliche Mittel: *Mein Urlaub*

Wortschatz
Urlaub, letzter, Traumurlaub, Ferien, Transportmittel, Fahrrad, Bus, Flugzeug, Schiff, Auto, Zug, zelten, Strand, Fahrradtour, Bauernhof, Berge, Stadt, Safari-Tour, wandern, Badeanzug, Handy, Kamera, (Land-)karte, Buch, Handtuch, Sonnenbrille, Mütze, Rucksack, Koffer, Sommerkleidung, schlafen, Zelt, Campingplatz, schwimmen, Meer, (mit)nehmen, Australien

Strukturen
- Im Urlaub …
- Im Urlaub gehe ich zelten / wandern / schwimmen.
- Wie kann man in den Urlaub fahren?
- Wie kommt man nach …?
- Ich kann da mit dem Bus / Schiff / Zug / Auto / Flugzeug / … hinkommen.
- Im Urlaub nehme ich den Bus / das Schiff / den Zug / das Auto …
- In meinen nächsten Urlaub möchte ich ein Handy / eine Landkarte / eine Mütze / … mitnehmen.
- Was möchtest du in deinen nächsten Urlaub mitnehmen?

Name: _____ Datum: _____

Mein letzter Urlaub

1. Male ein Bild über deinen letzten oder deinen Traumurlaub.

[Zeichenfeld]

2. Finde so viele deutsche Begriffe wie möglich und schreibe sie in dein Bild. Vielleicht kannst du auch schon Sätze unter dein Bild schreiben.

Im Urlaub …

_____

_____

_____

_____

3. Sprich mit deinem Partner über dein Bild. Ihr könnt noch fehlende deutsche Begriffe ergänzen.

„Das bin ich" – Das DaZ/DaF-Arbeitsheft für Deutschlerner (A1) Grundschule
Autoren: Alexandra Köhler, Wolfgang Froese
Illustration: Liliane Oser

KV 44

Name: Datum:

Was ich im Urlaub machen kann

1. Schreibe die passenden deutschen Wörter unter die Bilder.

Bauernhof • Berg • Fahrradtour • Stadt • zelten • wandern • Strand • Safari-Tour

_____   _____   _____   _____

_____   _____   _____   _____

2. Vergleiche mit deinem Partner.

Dinge, die ich in den Urlaub mitnehmen kann

1. Finde diese Wörter im Buchstabengitter.

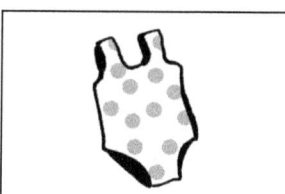   

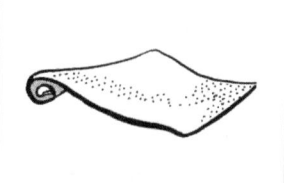

R	U	C	K	S	A	C	K	Y	L	O
X	K	N	T	Z	M	U	E	T	Z	E
P	A	W	B	U	C	H	G	U	U	B
S	R	B	A	D	E	A	N	Z	U	G
M	T	M	H	A	N	D	T	U	C	H
Q	E	T	I	Z	G	H	J	S	S	H
M	K	V	K	A	M	E	R	A	V	X
Y	A	K	L	K	A	R	T	E	I	F

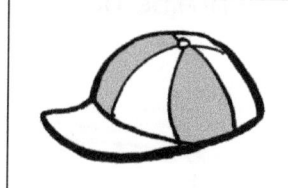

2. Welche zwei Wörter stehen nicht im Buchstabengitter?
_____

3. Welche Dinge kannst du noch in den Urlaub mitnehmen?
Schreibe oder male die Dinge auf.

_____
_____
_____

4. Vergleiche mit deinem Partner.

Name: _____ Datum: _____

In meinen nächsten Urlaub möchte ich mitnehmen …

1. Was möchtest du in deinen nächsten Ferien gern machen? Schreibe es auf.

In meinen nächsten Ferien möchte ich _____

2. Erzähle es deinem Partner.

3. Was packst du für den nächsten Urlaub in deinen Koffer?
Schreibe oder male es auf.

4. Spiele ein Spiel mit einem Partner oder in einer Gruppe. Einer von euch beginnt und erzählt, was er in den nächsten Urlaub mitnehmen möchte. Der Nächste wiederholt das Gesagte und fügt etwas hinzu (Spiel „Ich packe meinen Koffer"):

S1: In den Urlaub möchte ich mitnehmen: eine Karte.

S2: In den Urlaub möchte ich mitnehmen: eine Karte und ein Fahrrad.

S3: In den Urlaub möchte ich mitnehmen: eine Karte, ein Fahrrad und mein Handy.

„Das bin ich" – Das DaZ/DaF-Arbeitsheft für Deutschlerner (A1) Grundschule
Autoren: Alexandra Köhler, Wolfgang Froese
Illustration: Liliane Oser

KV 47

Name: _____ Datum: _____

Aktivitäten in meinem Urlaub

1. Vervollständige die Sätze.

Im Meer gehe ich _____.

In der Stadt gehe ich _____.

Auf dem Campingplatz gehe ich _____.

In den Bergen gehe ich _____.

Auf einer Safari-Tour sehe ich _____.

2. Mit welchen Transportmitteln kommst du an dein Ferienziel? Trage ein.

Wenn dir Informationen fehlen, frage deinen Partner oder deine Klassenkameraden. Trage dann die fehlenden Wörter ein.

Transport-mittel						

3. Was möchtest du in deinen Ferien machen? Was nimmst du mit? Schreibe einen oder mehrere Sätze. Du kannst dazu auch ein Bild auf einem Extrablatt malen.

> **Beispiel:**
> In meinen Ferien möchte ich zelten gehen in Australien.
> Ich mache das zusammen mit meinen Eltern. Wir fliegen erst mit
> dem Flugzeug und fahren dann mit dem Bus. Ich nehme mein
> Buch mit, meine Sonnenbrille, meine Sommerkleidung und
> meinen Rucksack. Ich schlafe in einem Zelt und
> gehe im Meer schwimmen.

In meinen Ferien _____

_____

_____

_____.

Name: _____ Datum: _____

Unser Traumurlaub: Flyer

1. Arbeitet in der Gruppe und plant einen tollen Traumurlaub.
   Beantwortet die Fragen unten.

Unser Traumurlaub

Wohin fahren wir? _____

Wie kommen wir dorthin? _____
_____

Was nehmen wir mit? _____
_____

Wen nehmen wir mit? _____
_____

Was machen wir dort? _____
_____
_____
_____
_____

---

2. Erstellt mit den Informationen einen Flyer über eure Ferien.
   Ihr könnt dazu etwas malen, aus Zeitschriften aufkleben oder basteln.

3. Präsentiert euren Flyer in einem Museumsrundgang.

KV 49

9 Meine Gefühle

Sachinformation

Mithilfe der Aufgaben zur Thematik *Meine Gefühle* denken die Kinder über ihre eigenen Gefühlslagen nach und lernen, darüber Auskunft zu geben. Gleichzeitig beschreiben sie die Gefühle anderer.

Welche Kompetenzen werden weiterentwickelt?

Nach dem Prinzip „Ich – Du – Wir" entwickeln und erweitern die Kinder folgende Kompetenzen:

Hör- und Hör-Sehverstehen
Die Kinder
- verstehen Einzelinformationen aus Gesprächen (Umfrage, Dialoge),
- verstehen wesentliche Informationen in Dialogen und im pantomimischen Rollenspiel.

Lesen
Die Kinder
- verstehen einfache wiederkehrende Arbeitsanweisungen,
- erfassen mithilfe von Bildern die Bedeutung deutscher Begriffe.

Sprechen
Die Kinder
- führen mit Hilfsmitteln (vorgegebenen Sätzen) einen Dialog (Rollenspiel) und üben diesen ein.

Schreiben
Die Kinder
- beschriften Abbildungen,
- beantworten einfache Fragen zu ihrer Gefühlslage,
- vervollständigen vorgegebene Sätze,
- halten die Antworten ihrer Mitschüler schriftlich fest.

Benötigtes Material

- Schere
- Stifte, Edding
- Kleber
- Poster/Blätter

Methodische Hinweise

Die Kopiervorlagen können entweder von der Lehrkraft ausgewählt oder den Kindern als Wahl- oder Pflichtaufgaben zur Verfügung gestellt werden.

Gefühle (KV 50)
Bei dieser Aufgabe können sich die Kinder deutsche Adjektive aussuchen und die entsprechenden Gesichter (Gefühlslagen) dazu malen. Dabei können sie auch weitere Gefühle als Bild darstellen und zusätzliche deutsche Begriffe zuordnen. Beim anschließenden Austausch mit dem Partner bietet es sich an, fehlende Gefühle zu ergänzen.

Meine Gefühle (KV 51)
Nun geht es darum, die eigenen Gefühle in unterschiedlichen Situationen zu beschreiben. Falls die Kinder hier noch nichts schreiben können, dürfen sie die Gefühle auch aufmalen. Beim Stimmungsbarometer können sie ihre Gefühlslage auch bildlich darstellen. Die Ergebnisse könnten im Plenum besprochen werden und einen Anstoß für weitere Gespräche bilden.

Die Gefühle meiner Mitschüler (KV 52) und Smileys als Feedback (KV 53)
Hier befragen die Kinder ihre Klassenkameraden zu ihren Gefühlen. Leistungsstärkere Kinder haben die Möglichkeit, in ganzen Sätzen zu antworten. Beim anschließenden Dialog können die Kinder selbst entscheiden, ob sie die Hilfen nutzen und welche Länge ihr Dialog haben soll. Kinder, die schnell fertig sind, haben mehr Zeit, ihr Rollenspiel einzuüben, sodass sie es möglichst frei sprechen und Mimik und Gestik einsetzen können.
Die Rollenspiele können vor einer Gruppe oder dem Plenum präsentiert werden. Die anderen Kinder bewerten diese dann mit Smileys.

Spiel: Gefühle (KV 54)
Bei diesem Spiel schneiden die Kinder die Sätze mit den Gefühlen aus und legen sie umgedreht auf einen Stapel. Nun zieht ein Kind einen Satz und liest ihn leise, ohne dass ihn die anderen Kinder sehen können. Als Nächstes versucht das Kind, das Gefühl pantomimisch darzustellen, und die anderen Kinder raten, um welches Gefühl es sich handelt.
Hier können die Kinder sich auch noch andere Gefühle ausdenken und aufschreiben/aufmalen.

Methoden

- Umfrage zu den Gefühlen meiner Mitschüler
- Ein Rollenspiel
- Feedback
- Ein Spiel spielen

Sprachliche Mittel: *Meine Gefühle*

Wortschatz
Gesicht, Gefühl, fröhlich, traurig, hungrig, müde, okay, krank, ängstlich, schlecht, nicht so gut, gut, Smiley, Wochenende, Schule, krank, Sommer, Barometer, pantomimisch

Strukturen
- Wie geht es dir?
- Mir geht es gut / nicht so gut.
- Ich bin …
- Ich bin hungrig / Ich bin traurig.
- Danke.
- Bist du traurig?
- Nein, bin ich nicht. / Ja, bin ich.
- Bist du …?

Gefühle

1. Male Gesichter mit Gefühlen auf und schreibe die deutschen Wörter dazu. Vielleicht fallen dir noch andere Gefühle ein.

fröhlich • traurig • okay • hungrig • müde • krank • ängstlich

2. Vergleiche mit einem Partner.

Name: _____ Datum: _____

Meine Gefühle

1. Schreibe auf, wie du dich fühlst. Male einen Smiley, wenn du das Wort nicht weißt.

Wie geht es dir? Mir geht es _____.

Wie fühlst du dich am Wochenende? _____.

Wie fühlst du dich in der Schule? _____.

Wie fühlst du dich, wenn du krank bist? _____.

Wie fühlst du dich, wenn Sommer ist? _____.

2. Vervollständige die Sätze. Schreibe auf, wann du dich gut fühlst oder wann du traurig bist. Wenn du die Wörter nicht weißt, darfst du dazu malen.

Mir geht es gut, wenn ich _____.

Ich bin traurig, wenn ich _____.

3. Wie fühlst du dich jetzt?
Male das Barometer an.

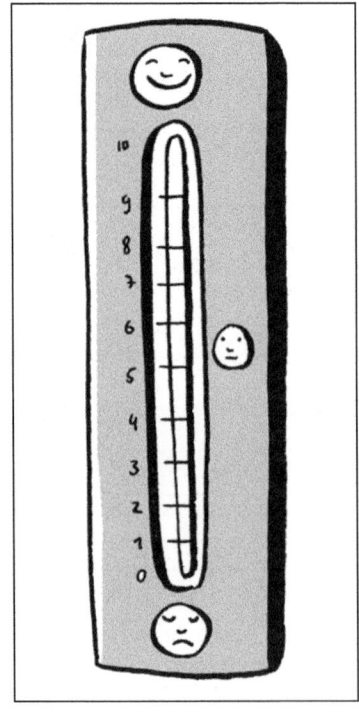

„Das bin ich" – Das DaZ/DaF-Arbeitsheft für Deutschlerner (A1) Grundschule
Autoren: Alexandra Köhler, Wolfgang Froese
Illustration: Liliane Oser

KV 51

Name: _____ Datum: _____

Die Gefühle meiner Mitschüler

1. Frage deinen Partner, wie es ihm geht.

Mein Partner ist _____.

> Wie geht es dir?
> Mir geht es …
> Bist du …?
> Ja/Nein, ich bin …

2. Frage drei Klassenkameraden, wie sie sich heute fühlen.
Schreibe die Antworten in die Tabelle.

Name:			
Wie geht es dir heute?			

3. Mache ein Rollenspiel mit deinem Partner. Überlegt euch einen Dialog zum Thema Gefühle und übt ihn ein. Ihr könnt die Hilfen benutzen oder euch etwas ausdenken.

Hilfen:

Wie geht es dir?	Danke.	Ich bin hungrig.	Mir geht es gut und dir?
Tschüss.	Bist du traurig?	Hallo.	Nein, bin ich nicht. / Ja, bin ich.

1. Du: _____

2. Dein Partner: _____

3. Du: _____

4. Dein Partner: _____

4. Präsentiert euer Rollenspiel vor einer Gruppe oder eurer Klasse.
Die Zuschauer bewerten das Rollenspiel mit Smileys (KV 53).

„Das bin ich" – Das DaZ/DaF-Arbeitsheft für Deutschlerner (A1) Grundschule
Autoren: Alexandra Köhler, Wolfgang Froese
Illustration: Liliane Oser

KV 52

Name: Datum:

Smileys als Feedback

„Das bin ich" – Das DaZ/DaF-Arbeitsheft für Deutschlerner (A1) Grundschule
Autoren: Alexandra Köhler, Wolfgang Froese
Illustration: Liliane Oser

KV 53

76

Name: Datum:

Spiel: Gefühle

1. Schneidet die Sätze aus. Spielt ein Spiel mit einem Partner oder einer Gruppe. Jeder zieht einen Satz und stellt das Gefühl pantomimisch dar. Dabei wird nicht gesprochen. Der andere oder die anderen müssen erraten, welches Gefühl gemeint ist.

* **Zusatzaufgabe:** Fallen euch noch weitere deutsche Begriffe für Gefühle ein? Schreibt sie auf die Kärtchen und malt dazu.

Ich bin traurig. 	Ich bin fröhlich. 	Ich bin okay. 	Ich bin müde. 
Ich bin krank. 	Mir geht es gut. 	Ich bin ängstlich. 	Ich bin hungrig. 

„Das bin ich" – Das DaZ/DaF-Arbeitsheft für Deutschlerner (A1) Grundschule
Autoren: Alexandra Köhler, Wolfgang Froese
Illustration: Liliane Oser

KV 54

10 Meine Wünsche und Träume

Sachinformation

Kinder haben häufig eine rege Fantasie und verarbeiten das Geschehen in ihrer Umwelt auf ihre eigene Weise. Im Themenbereich *Wünsche und Träume* bekommen sie Gelegenheit, das in den anderen Themenbereichen eher real abgehandelte Sprachmaterial noch einmal auf andere Weise zu bearbeiten. Der Wortschatz der anderen Themenbereiche wird dabei wiederholt.

Welche Kompetenzen werden weiterentwickelt?

Nach dem Prinzip „Ich – Du – Wir" entwickeln und erweitern die Kinder folgende Kompetenzen:

Hör- und Hör-Sehverstehen
Die Kinder
- hören und verstehen Aussagen zu Traumfächern, die Beschreibung eines Traumzimmers und Geburtstagswünsche ihrer Mitschüler.

Lesen
Die Kinder
- lesen und verstehen einfache Aussagen über ein Traumwochenende.

Sprechen
Die Kinder
- benennen Gegenstände, die in eine Schultasche passen,
- befragen ihre Mitschüler zu ihren Traumfächern,
- nennen ihre Geburtstagswünsche,
- präsentieren ihre Traumwelt mündlich.

Schreiben
Die Kinder
- schreiben Gegenstände auf, die in eine „Zauberschultasche" passen,
- schreiben ihre Traumfächer und Geburtstagswünsche auf,
- notieren Personen und Sachen für eine Traumreise.

Benötigtes Material

- Schere
- Stifte, Edding
- Kleber
- Poster/Blätter

Methodische Hinweise

Die Kopiervorlagen können entweder von der Lehrkraft ausgewählt oder den Kindern als Wahl- oder Pflichtaufgaben zur Verfügung gestellt werden.

Meine Traumschule (KV 55)
Die Kinder notieren die Uhrzeit des Schulbeginns, zeichnen eine magische Schultasche mit Inhalt und schreiben die deutschen Begriffe auf. Sie notieren ihre Traumfächer und befragen ihre Mitschüler dazu.

Mein Traumzimmer (KV 56)
Die Kinder zeichnen ihr Traumzimmer und schreiben passende Begriffe darunter. Anschließend beschreiben sie es einem Partner, der die Gegenstände aufmalt.

Mein Traumwochenende (KV 57)
Hier steht das Leseverstehen im Vordergrund. Die Kinder kreuzen vorgegebene Aussagen zu ihrem Traumwochenende an.

Meine Fantasiereise (KV 58)
Die Kinder schreiben auf, was und wen sie auf ihre Fantasiereise mitnehmen würden. Danach erzählen sie einem Partner von ihrer Traumreise.

Meine Geburtstagswünsche (KV 59)
Die Kinder äußern sich mündlich und schriftlich zu ihren Geburtstagswünschen. Bei der dritten Aufgabe befragen sie ihre Klassenkameraden zu ihren Geburtstagswünschen und tragen diese in die Tabelle ein. Danach können sie der Klasse von den Wünschen ihrer Mitschüler erzählen.

Meine Traumwelt (KV 60)
In der Aufgabe werden die zuvor geübten Einzelaspekte noch einmal kreativ auf einem Poster zusammengefasst (Traumwelt).

Bonus-Aufgabe: Memory (KV 61)
Schnelle Schüler können zum Schluss noch ein Memory spielen, das einige gelernte Begriffe beinhaltet. Im Anschluss können sie ihr eigenes Memory erstellen.

Methoden

- Male und schreibe
- Hör zu und zeichne
- Lies und kreuze an
- Frag deinen Partner
- Aufgabe: Erstelle ein Poster und präsentiere es

Sprachliche Mittel: *Meine Wünsche und Träume*

Wortschatz

Traum, Zauber, Schule, Schultasche, Fach/Fächer, Mathe, Deutsch, Englisch, Sport, Kunst, Musik, Religion, Zimmer, Magie, magisch, Uhrzeit, Zimmer, Wochenende, Wetter, Nachmittag, abends, Frühstück, Ausflug, Reise, Fantasiereise, Freunde, Personen, Essen, Getränke, Kleidung, Haustiere, fahren, fliegen, Geburtstagswunsch, Traumwelt, Schule, Haus, Auto, Hobbys

Strukturen
- Meine Traumfächer sind…
- Meine Geburtstagswünsche sind…
- In meiner Traumschule gibt es…
- Mein Traumhaus hat…
- In meinem Traumurlaub fahre ich nach…

Name: _____ Datum: _____

Meine Traumschule

1. Wann beginnt deine Traumschule?
Zeichne die Uhrzeit ein.

Meine Traumschule beginnt um _____.

2. Zeichne deine Zauberschultasche.

3. Was ist drin? Schreibe die deutschen Begriffe auf.

_____

_____

4. Schreibe deine Traumfächer auf.

_____

5. Frage deinen Partner nach seinen Traumfächern.

Die Traumfächer meines Partners sind _____.

Name: _____ Datum: _____

Mein Traumzimmer

1. Male dein Traumzimmer.

2. Schreibe die deutschen Begriffe auf, die du schon kennst.

_____

_____

3. Hör zu und zeichne: Dein Partner beschreibt dir sein Traumzimmer und du malst die Gegenstände auf.

In meinem Traumzimmer ist/sind …

4. Vergleiche mit deinem Partner, ob ihr die Gegenstände richtig aufgemalt habt.

„Das bin ich" – Das DaZ/DaF-Arbeitsheft für Deutschlerner (A1) Grundschule
Autoren: Alexandra Köhler, Wolfgang Froese
Illustration: Liliane Oser

KV 56

Mein Traumwochenende

1. Kreuze an, was du an deinem Traumwochenende machen würdest.
Frage deine Mitschüler oder deinen Lehrer, wenn du ein Wort nicht verstehst.

Ich schlafe bis … ☐ 6 ☐ 7 ☐ 8 ☐ 9 ☐ 10 ☐ 11 ☐ 12 Uhr

Ich frühstücke … ☐ im Bett ☐ in meinem Zimmer ☐ in der Küche
☐ im Garten ☐ im Auto ☐ _____

Ich esse ein großes Frühstück mit … ☐ Milch ☐ Cornflakes ☐ Orangensaft
☐ Brot ☐ Butter ☐ Marmelade
☐ Honig ☐ Eier ☐ Schinken

Nach dem Frühstück gehe ich … ☐ in mein Zimmer ☐ zu Freunden
☐ auf den Spielplatz ☐ in den Zoo
☐ ins Schwimmbad ☐ an den Strand
☐ in die Innenstadt

An meinem Traumwochenende ist das Wetter … ☐ sonnig ☐ regnerisch
☐ windig ☐ warm ☐ kalt

Am Nachmittag spiele ich mit … ☐ meinen Freunden ☐ meiner Playstation
☐ meinem Computer ☐ meinen Puppen
☐ meinem Kaninchen/Hamster
☐ meinem Seil ☐ meinem Pferd
☐ meinem Hund / meiner Katze
☐ meinen Karten ☐ _____

Abends … ☐ schlafe ich ☐ schau ich fern
☐ spiele ich Spiele ☐ höre ich Musik
☐ rede ich mit Freunden ☐ schreibe ich mit Freunden
☐ bin ich im Internet ☐ lese ich ein Buch

2. Erzähle deinem Partner von deinem Traumwochenende.

KV 57

Name: _____   Datum: _____

Meine Fantasiereise

1. Was und wen würdest du auf einen „magischen Ausflug" (Fantasiereise) mitnehmen? Schreibe es auf.

Freunde: _____

_____

Andere Personen: _____

_____

Essen und Getränke: _____

_____

Kleidung: _____

_____

Haustiere: _____

_____

Andere Dinge: _____

_____

2. Wohin würdest du fahren/fliegen?

_____

3. Was würdest du machen? Schreibe oder zeichne auf ein Extrablatt.

4. Erzähle deinem Partner von deiner magischen Fantasiereise.

Name: _____ Datum: _____

Meine Geburtstagswünsche

1. Was wünschst du dir zum Geburtstag? Zeichne oder schreibe auf.

2. Schreibe die deutschen Begriffe neben deine Zeichnungen.

3. Frage deine Klassenkameraden nach ihren Geburtstagswünschen.
   Trage sie in die Liste ein.
   Frage: *Was wünschst du dir zum Geburtstag?*

Name:					
Wünsche:					

4. Erzähle deiner Klasse von diesen Wünschen.

„Das bin ich" – Das DaZ/DaF-Arbeitsheft für Deutschlerner (A1) Grundschule
Autoren: Alexandra Köhler, Wolfgang Froese
Illustration: Liliane Oser

KV 59

Name: _____ Datum: _____

Meine Traumwelt

1. Gestalte ein Poster von deiner Traumwelt (Traumschule, -haus, -auto, -hobbys, -haustier, -ferien). Klebe Fotos oder Bilder auf und zeichne. Beschrifte so viele Gegenstände wie möglich auf Deutsch.

2. Präsentiere dein Poster der Klasse und sprich darüber.

Beispiele: *In meiner Traumschule gibt es einen Bauernhof mit Pferden und einen Zoo mit …*
Mein Traumhaus hat vier Pools zum Schwimmen …
Mein Traumauto ist rot und sehr groß. Es hat zehn Räder …
In meinen Traumferien fahre ich mit Harry Potter nach Australien …

„Das bin ich" – Das DaZ/DaF-Arbeitsheft für Deutschlerner (A1) Grundschule
Autoren: Alexandra Köhler, Wolfgang Froese
Illustration: Liliane Oser

KV 60

Name: _____   Datum: _____

Bonus-Aufgabe: Memory

Zum Schluss könnt ihr noch ein Memory spielen.

1. Schneidet die Kärtchen aus und legt sie mit der Schrift nach unten auf den Tisch.

2. Dreht immer zwei Kärtchen um. Wer zwei Kärtchen findet, die zusammenpassen, darf sie behalten.

Kanin-	-chen	Ham-	-ster	Fuß-	-ball
Pull-	-over	Schlaf-	-zimmer	Vo-	-gel
Schul-	-ter	Schul-	-tasche	oran-	-ge
Ele-	-fant	Spag-	-hetti	Han-	-dy
Sonnen-	-brille	hung-	-rig	fröh-	-lich
Früh-	-stück	Nachmit-	-tag	Groß-	-mutter
Ho-	-se	Kü-	-che	Mu-	-sik
Shop-	-ping	Lieb-	-lingstier	Schul-	-fach

✂--

3. Macht euer eigenes Memory.

Name: _____ Datum: _____

Selbsteinschätzungsbogen für Schülerinnen und Schüler

Wie schätzt du dich selbst ein?
Male alles, was du auf Deutsch gut kannst, grün an.
Wenn du dich noch nicht sicher fühlst, male die Wolke gelb an.

- Ich kann sagen, was ich mag und was ich nicht mag.
- Ich kann über meine Hobbys sprechen und schreiben.
- Ich kann mein Haus oder meine Wohnung beschreiben.
- Ich kann mein Haustier oder mein Wunschtier vorstellen.
- Ich kann einen Klassenkameraden vorstellen.
- Ich kann eine Person oder ein Fantasiewesen beschreiben.
- Ich kann meinen Klassenraum und den Inhalt meiner Schultasche beschreiben.
- Ich kann meine Gefühle beschreiben.
- Ich kenne meine Schulfächer.
- Ich kann mein Lieblingsessen beschreiben.
- Ich kann meinen Traumurlaub beschreiben.
- Ich kann meine Traumschule beschreiben.

„Das bin ich" – Das DaZ/DaF-Arbeitsheft für Deutschlerner (A1) Grundschule
Autoren: Alexandra Köhler, Wolfgang Froese
Illustration: Liliane Oser

KV 62

87

Name: _____ Datum: _____

Evaluationsbogen für Lehrerinnen und Lehrer

Name des Schülers/der Schülerin: _____ Klasse: _____

Die Schülerin/der Schüler kann …	gute bis sehr gute Kenntnisse (+/++)	befriedigende Kenntnisse (0)	hat noch Schwächen (–/– –)
sagen, was sie/er mag und was sie/er nicht mag.			
über ihre/seine Hobbys sprechen und schreiben.			
ihr/sein Haus oder ihre/seine Wohnung beschreiben.			
kann ihr/sein Haustier oder Wunschtier vorstellen.			
einen Klassenkameraden vorstellen.			
eine Person oder ein Fantasiewesen beschreiben.			
den eigenen Klassenraum und den Inhalt der Schultasche beschreiben.			
die eigenen Schulfächer nennen.			
ihr/sein Lieblingsessen beschreiben.			
einen Traumurlaub beschreiben.			
eigene Gefühle beschreiben.			
eine Traumschule beschreiben.			

„Das bin ich" – Das DaZ/DaF-Arbeitsheft für Deutschlerner (A1) Grundschule
Autoren: Alexandra Köhler, Wolfgang Froese
Illustration: Liliane Oser